AS 30 ORAÇÕES MAIS PODEROSAS PARA O AMOR

AS 30 ORAÇÕES MAIS PODEROSAS PARA O AMOR

— MARIKA DE MONTALBAN —

petra

Título original: Les 30 plus puissantes prières pour l'amour

CIP-BRASIL. CATALOGAÇÃO NA PUBLICAÇÃO
SINDICATO NACIONAL DOS EDITORES DE LIVROS, RJ

M763t

Montalban, Marika de

As 30 orações mais poderosas para o amor / Marika de Montalban; [tradução Maria de Fátima Oliva do Coutto]. - 1. ed. - Rio de Janeiro: Petra, 2016.

Tradução de: Les 30 plus puissantes prières pour l'amour
ISBN 9788582780305

1. Oração - Igreja Católica. 2. Fé. I. Coutto, Maria de Fátima Oliva do. II. Título.

16-31103 CDD: 248.32
CDU: 27-534-2

Petra Editora
Rua Nova Jerusalém, 345 – Bonsucesso – 21042-235
Rio de Janeiro – RJ – Brasil
Tel.: (21) 3882-8200 – Fax: (21) 3882-8212/8313

Sumário

ADVERSIDADE

INTRODUÇÃO

"Pedi e se vos dará. Buscai e achareis. Batei e vos será aberto!"
"A fé move montanhas!"

Jesus é perfeitamente claro quando diz essas frases. Nem sempre Ele falava por parábolas!

De que Ele fala?

De TUDO! De trabalho, de dinheiro, da felicidade, da vida conjugal, da família etc. Mas, é evidente, durante dois mil anos as Igrejas conseguiram convencer suas ovelhas de que não se deve incomodar Deus, nem ninguém lá no Alto, por detalhes banais, materiais. Isso não seria conveniente!

Ora, é claro que é! Temos o direito (e mesmo o dever!) de pedir ajuda em todas as situações que enfrentamos na vida; situações cada vez mais difíceis e desesperadoras! Não podemos servir a Deus e ajudar o nosso próximo quando nos encontramos afogados em problemas, nem tampouco manter a fé na adversidade.

Nos dias atuais, em todas as circunstâncias, as dificuldades se acumulam, e a solidão é, sem dúvida, uma das piores. A solidão não consiste apenas em viver só, mas é possível sentir-se terrivelmente solitário e incompreendido na vida conjugal, em família, em grupo. Por isso, reunimos para você as orações mais eficazes para encontrar a sua alma gêmea, o companheiro ideal.

Hoje, é chegado o tempo de restituir a cada ser humano o dom que cada um traz dentro de si, adormecido nas prisões que são a dúvida e a falta de fé.

Esse dom espera tão somente ser despertado; basta você se lançar. O verdadeiro segredo resume-se em uma única palavra: *compaixão,* não só pelos outros, mas também, e, *sobretudo,* por si mesmo.

CONSELHOS

As orações funcionam como fórmulas, pois utilizam as mesmas palavras há séculos. Elas têm a mesma eficácia, quer na presença ou não da pessoa por quem se ora; muitas curas se realizam à distância, como, por exemplo, pelo telefone. A única diferença é de ordem psicológica, tanto para quem cura (sobretudo se for iniciante) quanto para o doente. Algumas orações funcionam maravilhosamente bem para uns e não para outros, sem que haja a menor explicação lógica. É assim: "Os caminhos de Deus permanecem impenetráveis e incompreensíveis para nós, pobres humanos!"

Embora recomendado, não é absolutamente necessário frequentar a Igreja para poder servir-se eficazmente dessas orações, oferecidas a todas as pessoas de Boa Vontade. Deus também pode agir na alma do batizado segundo os desígnios misteriosos de Sua graça.

Muita gente se esquece de que um componente essencial de nosso mundo (a metade, na verdade!) é de essência feminina, sem a qual não haveria a reprodução das espécies. Mesmo Jesus Cristo não teria vindo ao mundo sem a participação de uma mulher; por isso nós lhe rendemos justiça e acrescentamos "em nome da Mãe divina" a cada oração.

No lugar dos termos "amém" e "assim seja", muito desgastados e empregados a torto e a direito no dia a dia, preferimos "Que assim seja!", cujo significado exato é "eu quero, faça com que isso se realize!". Pronuncie esta expressão ao final do "Pai-Nosso", da "Ave-Maria" ou de qualquer outra oração e sentirá um elã, uma força bem superior à experimentada quando se emprega os termos "amém" ou "assim seja"!

Não há diferença entre dizer "Em nome do Espírito Santo" ou "Em nome do Santo Espírito". Trata-se de pura questão de opção, mas preferimos o primeiro.

O *x*... significa que é preciso dizer o nome da pessoa (ou do animal).

Para não correr nenhum risco, acrescentamos a cada oração a expressão "Se Deus quiser", pois não há nada pior do que uma oração, mesmo bem-intencionada, que vá de encontro ao caminho de vida de alguém.

Na formulação do sinal da cruz, Santo Antônio de Pádua deseja definir (ou nos transmitir o desejo formulado pelos Céus!) as funções de cada um: Deus é o Pai Criador; Cristo é o Redentor (o que livrou os seres humanos das mãos das forças das trevas); o Espírito Santo é o Consolador; a Virgem Maria é a Rainha do Céu.

No capítulo sobre a busca da alma gêmea acrescentamos várias orações abordando problemas relativos a casais, como livrar-se de um amor doentio, a infidelidade, o divórcio etc.

Várias palavras começam com letra maiúscula — por exemplo, Bondade, Compaixão, Verdade etc. — quando são virtudes divinas; a palavra Homem, quando designa a espécie humana (homens e mulheres); Terra, quando se trata do planeta etc.

Há duas maneiras de abordar certos problemas: podemos pedir a Deus punição para os culpados ou transferir o foco e pedir proteção para as vítimas. Do ponto de vista espiritual, há uma forte distinção, mas recomenda-se fazer os dois tipos de oração.

ORAÇÕES GERAIS

Essas duas orações devem ser feitas, sistematicamente, antes de todas as demais. A primeira assegura que nosso pedido seja atendido por Deus; a segunda elimina influências negativas, como aquelas da possessão (muito raro!), de feitiços, e mesmo — e talvez, sobretudo — de nossas más inclinações, que nos levam a buscar coisas ruins.

ORAÇÃO DE ABERTURA

† Meu Senhor e Meu Deus,
Se isso estiver de acordo com Tua Vontade e Tua Justiça,
Se isso for benéfico para Tua criatura e sua evolução,
Se isso não trouxer danos a quem não queiras prejudicar,
Então recebe minha oração e ajuda-me!
Em nome de Cristo, Nosso Salvador,
Que assim seja!

EXORCISMO CONTRA FEITIÇOS

Santo Antônio de Pádua nos deixou um "breve" de eficácia inquestionável!

††† Mal, de onde quer que venhas, quem quer que sejas,
Eu te ordeno, em nome d'Aquele diante de quem todos se ajoelham,
No Céu, na Terra e até no inferno,
Deixe *x*... (*Dizer o nome da pessoa ou o seu*),
Que é uma criatura de Deus;
Se tu és vítima, seja libertado para sempre, perdoado e protegido,
Se tu és mau,
Vai-te, eu te expulso, volta de onde vens, e leva contigo o mal que fizestes,
Pela minha boca Deus assim ordena,

† Em nome do Pai Criador,
† Em nome do Cristo Redentor,
† Em nome do Espírito Santo Consolador,
† Em nome da Mãe Divina, a Rainha do Céu,
Que assim seja!

† Eis a Cruz do Senhor,
† Fugi, forças inimigas,

† Venceu o leão da tribo de Judá,
† O descendente de Davi.
† Aleluia! Aleluia! Aleluia!

Santo Antônio de Pádua, afugentai os demônios e orai por nós para que sejamos dignos das promessas de Jesus Cristo!

Dos embustes do demônio, livrai-nos, grande Santo Antônio,

E ajudai-nos a vencer todo o mal,
Se Deus quiser!

Eu Vos rogo:

† Em nome do Pai Criador,
† Em nome do Cristo Redentor,
† Em nome do Espírito Santo Consolador,
† Em nome da Mãe Divina, a Rainha do Céu,
Que assim seja!

AÇÃO DE GRAÇA

Para recitar depois de sua súplica ter sido atendida. Essa oração permite recarregar as egrégoras!

Oração de abertura + exorcismo +:

Eu Vos agradeço, meu Deus, Pai Criador, e a Vós, Maria, Virgem Celeste, e a Vós também, Jesus, Vosso Divino Filho, e a todos os santos e santas que intercederam junto a Deus a fim de que meu pedido fosse concedido.

Grande é minha alegria neste dia, e transbordante de amor é meu coração!

Direi a todos: "Ó meu Deus, como são belas Vossa Generosidade e Vossa Brandura para com Vossos filhos!"

Continuarei a louvar Vosso nome por meio de meus pensamentos, minhas palavras e meus atos, até a hora da minha morte.

Eu Vos rendo graça:

† Em nome do Pai Criador,
† Em nome do Cristo Redentor,
† Em nome do Espírito Santo Consolador,
† Em nome da Mãe Divina, a Rainha do Céu,
Que assim seja!

Outra:

Oração de abertura + exorcismo +:

A Ti, meu Deus e minha Misericórdia, rendo graça, primeiramente por teres me permitido conhecer-Te!

Rendo-Te graça e louvor, pois desde o início da minha infância até a minha vida atual, cheia de numerosos e diversos pecados, aguardaste que eu me corrigisse, graças à paciência da Tua grande Bondade!

Louvo-Te e glorifico-Te, pois pelo braço da Tua Virtude me livraste de muitas angústias, perigos e infortúnios, como no passado livraste meu corpo de grandes males e grandes dores!

Louvo-Te e glorifico-Te, pois Te dignaste a me conceder a saúde do corpo, a tranquilidade do tempo, a afeição e a caridade de Teus servidores, dons de Tua Santa Piedade!

Santo dos santos, que santifica todas as coisas, eu Te bendigo, eu Te glorifico, eu Te adoro, eu Te rendo graça!

Que todas as coisas Te bendigam, que Teus Anjos e Teus Santos Te bendigam!

Que eu possa adorar-Te e bendizer-Te durante toda a minha vida e com todo o meu ser, tanto por dentro quanto por fora, minha salvação e minha iluminação!

Que meus olhos Te bendigam, eles que fizeste e preparaste para contemplar a beleza da Tua Luz, ó minha doçura e meu deleite!

Que meus ouvidos possam bendizer-Te, eles que fizeste e preparaste para ouvir a voz de Tua grande alegria, ó minha salvação e minha recreação!

Que minhas narinas possam bendizer-Te, elas que fizeste e preparaste para o deleite do odor de Teus perfumes, ó minha louvação, meu cântico novo, minha exaltação!

Que minha língua possa bendizer-Te, ela que fizeste e preparaste para contar Tuas Maravilhas, ó minha sabedoria, minha meditação e meu conselho!

Que todo o tempo possa adorar-Te e bendizer-Te o meu coração, ele que fizeste e preparaste e que me deste para conhecer Tuas inestimáveis Misericórdias, ó minha doce vida e minha felicidade!

Que minha alma, embora pecadora, possa bendizer-Te, ela que fizeste e preparaste para usufruir de Teus Bens com alegria, ó meu generoso Criador Todo-Poderoso!

Eu Te louvo com todo o coração e com todas as minhas entranhas, meu Deus, meu doce amor.

† Glória ao Pai, Senhor soberano de todas as coisas,
† Glória ao Filho, o Redentor que ressuscitou dos mortos,
† Glória ao Espírito Santo Consolador,

† Glória à Mãe Divina, a Rainha do Céu,
Por todos os séculos dos séculos, que assim seja!

ORAÇÃO A SEU ANJO DA GUARDA

Oração de abertura + exorcismo +:

Deus Todo-Poderoso e Eterno que, mediante o inefável desígnio da Vossa Bondade, designastes para cada fiel, desde o ventre da mãe, um Anjo da Guarda protetor do nosso corpo e da nossa alma; concedei-me a graça de amar e honrar o anjo que em Vossa Misericórdia me destes, e que, protegido(a) pela generosidade da Vossa Graça e graças à Vossa assistência, eu mereça enfim contemplar com ele e com todos os outros anjos o brilho da Vossa Glória na Pátria Celestial.

Por Jesus Cristo, Vosso Filho, que com o Senhor e com o Espírito Santo vive e reina, por todos os séculos dos séculos, que assim seja!

Eu te suplico, meu anjo e espírito a quem fui confiado(a) por Deus, guarda-me sem descanso, ajuda-me e visita-me a cada instante, defende-me de toda violência e artimanhas de Satanás e de todos os demônios, tanto quando eu me encontrar desperto ou adormecido, noite e dia e a todo instante, a toda hora e a todo momento, e se eu não for digno pelos meus méritos, que por tuas orações eu obtenha do Misericordioso Senhor, que te designou como meu defensor e a ti me recomendou, que eu nunca mais corra algum perigo.

E quando vires que me volto para o pecado e me desvio do caminho do Bem, quando me vires enfrentando qualquer angústia, que eu me sinta, por tua intercessão, tua ajuda e a do único e verdadeiro Deus Onipotente, conduzido ao Redentor.

Eu te suplico, se assim puder ser, que me faças conhecer meu fim e permitas que eu me prepare; e quando minha alma sair de meu corpo, não me deixes aterrorizar-me pelos diabos, nem falhar; não me deixes lançar-me na fossa da desesperança, e não me abandones antes de me haver conduzido à casa do meu Criador, onde poderei eternamente regozijar-me contigo e com todos os santos, se Deus quiser.

Anjo de Deus, tão paciente e tão caridoso, conduz minha vida pelos atalhos de Deus, como a ti peço hoje; ilumina meu caminho a fim de que eu não incorra em pecado nem em sofrimento, protege-me dos meus inimigos e de suas artimanhas, protege minha alma, meu coração e meu corpo de tudo o que ofenda o Senhor e me afaste do paraíso; faz com que toda a minha vida, todas as minhas ações sejam um exemplo, uma luz para os outros, um santuário como Deus quer.

E no dia da minha morte, conduz-me com mão firme rumo aos Campos Verdejantes, se Deus quiser!

Eu Te rogo:

† Em nome do Pai Criador,
† Em nome do Cristo Redentor,
† Em nome do Espírito Santo Consolador,
† Em nome da Mãe Divina, a Rainha do Céu,
Que assim seja!

ORAÇÃO AO SANTO OU À SANTA DE QUEM TRAZ O NOME

Oração de abertura + exorcismo +:

Glorioso(a) santo(a) *x*... (*dizer o nome*), cujo nome Deus me concedeu a graça de possuir, orai por mim, a fim de que eu possa servir a Deus como vós na Terra, e glorificá-Lo eternamente convosco no Céu.

Fazei-me conhecer a missão a mim confiada por Deus, ajudai-me a realizá-la todos os dias; preservai meu corpo, meu coração e minha alma de tudo o que desagrada a Deus! Afastai meus passos dos caminhos da perdição, conduzi-me pelos caminhos da Luz, a fim de que eu honre o Vosso nome, pois ele é também o meu.

Eu Vos rogo:

† Em nome do Pai Criador,
† Em nome do Cristo Redentor,
† Em nome do Espírito Santo Consolador,
† Em nome da Mãe Divina, a Rainha do Céu,
Que assim seja!

AVE-MARIA

Ave, Maria, cheia de graça, o Senhor é convosco;

Bendita sois Vós entre as mulheres, e bendito é o fruto do Vosso ventre, Jesus.

Santa Maria, Mãe de Deus, rogai por nós pecadores, agora e na hora da nossa morte.

† Em nome do Pai Criador,
† Em nome do Cristo Redentor,
† Em nome do Espírito Santo Consolador,
† Em nome da Mãe Divina, a Rainha do Céu,
Que assim seja!

PAI-NOSSO

Pai Nosso que estais nos Céus,
Santificado seja o Vosso nome.
Venha a nós o Vosso Reino,

Seja feita a Vossa Vontade
Assim na Terra como no Céu.
O pão nosso de cada dia nos dai hoje,
Perdoai-nos as nossas ofensas
Assim como nós perdoamos a quem nos têm ofendido,
E não nos deixeis cair em tentação,
Mas livrai-nos do Mal.
Que assim seja!

† Em nome do Pai Criador,
† Em nome do Cristo Redentor,
† Em nome do Espírito Santo Consolador,
† Em nome da Mãe Divina, a Rainha do Céu,
Que assim seja!

A BUSCA

Encontrar um "parceiro" com quem passar algumas noites, alguns dias, ou mesmo alguns anos, não parece muito difícil; as festas, as discotecas, as agências de encontros e, hoje em dia, a internet permitem encontros rápidos e fáceis. Entretanto, encontrar o companheiro ou a companheira ideal, com quem possamos percorrer um longo caminho amando e sendo amado, respeitado, apoiado e assistido nas circunstâncias mais difíceis e cruéis da vida...

A noção de alma gêmea é tão antiga quanto a humanidade: no Banquete, *Platão diz que os primeiros homens foram criados com quatro braços e quatro pernas, bem como uma cabeça com dois rostos. Porém Zeus, o pai dos deuses, julgou que assim eles seriam demasiado poderosos e os "dividiu" em dois seres vivos separados!*

Segundo a tradição judaica, quando um menino nasce, na aldeia ou na família nascerá uma menina que se tornará sua "Bashert", *seu duplo feminino, sua predestinada.*

Nós conhecemos a ideia de alma gêmea, sobretudo pelo Antigo Testamento, no capítulo referente a Adão e à criação de Eva. Uma vez que que Eva é uma parte (a costela) arrancada da carne de Adão, ela se torna "a carne da sua carne"*; é única!*

Encontram-se vestígios dessa mesma ideia nas tradições chinesas, hindus etc.

Encontrar a verdadeira (e única) alma gêmea é tarefa difícil. É preciso que ela nasça na mesma época, ou com algumas poucas décadas de diferença; é preciso encontrá-la, reconhecê-la e varrer tudo o que possa interferir nessa união (compromissos, fraquezas etc.). É necessário até mesmo ser de sexo diferente, para que dê frutos. Acontece também, e cada vez com mais frequência, em consequência da influência sempre mais forte do Mal, que uma alma masculina se julgue feminina ou vice-versa, o que explica em grande parte as confusões de gênero de hoje em dia. Então, um trágico combate é travado entre a alma atraída intrinsecamente pelo sexo oposto ao seu e o desejo corporal por alguém do mesmo sexo: uma alma masculina que se julga feminina será atraída por um homem... Assim, não sejamos duros; eles sofrem terrivelmente; são seres destroçados.

Existem várias orações para nos acompanhar nessa busca, e é difícil dar-lhes uma classificação específica. São todas poderosas. Escolher uma ou várias é uma questão de intuição: depende de cada um.

ORAÇÃO A SANTO AMBRÓSIO DE SENA

Oração de abertura + exorcismo +:

Ao nascer, no ano de 1220, em Sena, SANTO AMBRÓSIO tinha os braços colados ao corpo. Era um bebê terrivelmente deformado, a ponto de sua ama de leite o cobrir com panos para escondê-lo dos olhares dos outros. Um dia, no interior da igreja Santa Maria Madalena, a criança arrancou os panos e invocou três vezes o nome de Jesus. Instantaneamente curado de toda deformidade, tornou-se um belo jovem. Foi pregador até sua morte, aos setenta anos. Santo Ambrósio é um dos santos patronos do casamento, particularmente das pessoas que se sentem feias e rejeitadas, para quem ninguém olha.

Meu Senhor e meu Deus, nenhuma causa parece desesperada a quem a Vós se entrega. Qual Santo Ambrósio de Sena, a quem graças à sua fé foi concedida uma luminosa beleza ao pronunciar o nome de Vosso Filho Bem-Aventurado, venho prostrar-me a Vossos pés em súplica. Independentemente da minha imagem refletida no espelho, fazei com que aquele(a) que poderá ser meu companheiro ou minha companheira ideal me veja com os olhos do coração e perceba a bondade da alma que me destes.

E vós, grande Santo Ambrósio de Sena, assim como soube arrancar os panos e deixar ver sua autêntica beleza, escondida aos olhos do mundo, fazei o mesmo por mim, para que todo o amor que trago dentro de minha alma não seja desperdiçado em tormentos de solidão, mas que eu faça feliz de quem me amar.

Santo Ambrósio, patrono dos apaixonados, não me deixeis entregue ao sofrimento e à solidão. Meu coração tem tanto amor a dar! Fazei com que minha vida volte a se iluminar e compartilhe de um amor sincero e verdadeiro. Que nada venha perturbar a nossa felicidade no serviço e amor de Cristo. Mantenha sempre a distância a mentira, o vício o ciúme, se Deus quiser!

Eu Vos rogo:

† Em nome do Pai Criador,
† Em nome do Cristo Redentor,
† Em nome do Espírito Santo Consolador,
† Em nome da Mãe Divina, a Rainha do Céu,
Que assim seja!

ORAÇÃO A SANTO ANDRÉ

SANTO ANDRÉ, assim como o irmão Simão Pedro, era pescador. Discípulo de São João Batista quando este batizou Jesus no rio Jordão, decidiu segui-lo. Tornou-se chefe da Igreja do Oriente, enquanto Pedro tornou-se o chefe da

Igreja Romana. Santo André morreu em uma cruz em formato de X, hoje conhecida pelo seu nome. Diz a lenda que, ao rezar para Santo André, a(o) jovem verá seu futuro marido ou sua futura esposa em sonhos.

Oração de abertura + exorcismo +:

Ó Deus, que pelo ministério do Bem-Aventurado André fizestes germinar a semente do Evangelho, aceitai as nossas preces e fazei com que sintamos os doces efeitos da intercessão do Vosso glorioso apóstolo junto de Vossa Divina Majestade! Em nome de Nosso Senhor Jesus Cristo, rogai por nós. Que assim seja!

Glorioso Santo André, que tudo abandonastes — trabalho e família — para servir ao Nosso Senhor e espalhar Sua palavra, atendei a minha prece. Não tenho vosso desprendimento nem vossa abnegação. Estou só, sem amor e sem apoio para preservar meus passos distantes dos caminhos da perdição de nosso mundo corrompido. Concedei-me a graça de encontrar essa(e) companheira(o) ideal, se Deus quiser!

Eu Vos rogo:

† Em nome do Pai Criador,
† Em nome do Cristo Redentor,

† Em nome do Espírito Santo Consolador,
† Em nome da Mãe Divina, a Rainha do Céu,
Que assim seja!

ORAÇÃO A SEU ANJO DA GUARDA PARA ENCONTRAR UM COMPANHEIRO OU UMA COMPANHEIRA

Trata-se de uma oração mais específica ao seu Anjo da Guarda.

Oração de abertura + exorcismo +:

Ó Santo Anjo que Deus, em Sua infinita Bondade, encarregou de tomar conta da minha conduta, vós que me socorreis em minhas necessidades, vós que me consolais em meus sofrimentos e que sem cessar me cumula com novos favores, eu vos rogo que me conceda outro favor. Fazei com que eu encontre em meu caminho o(a) companheiro(a) que me amará como eu o(a) amarei em respeito às Leis Divinas e no amor por Cristo; que caminhará ao meu lado pelos caminhos da felicidade que Deus concedeu a todas Suas criaturas; que juntos rendamos graças aos anjos do Céu pelas graças; que nosso amor um pelo outro seja uma esperança para quem duvida, uma luz para quem mergulha nas trevas, um reconforto para quem sofre e um exemplo para quem se lamenta.

Que assim seja!

Eu vos suplico, meu amável protetor, defendei-me contra todos os meus inimigos, afastai de mim todo ensejo de pecado, desviai de mim quem não for digno da minha confiança e do meu amor e que possa me distanciar dos caminhos da Luz Divina na qual, com vossa ajuda, esforço-me por manter firmes meus passos.

Fazei, meu doce guardião, com que aquele(a) que me é destinado(a) seja minha luz e meu guia no respeito a Deus. Prefiro a solidão ao amor impuro de alguém que obscureça minha estrada a caminho do Céu ao qual aspiro e que me faria cambalear rumo ao vício e ao pecado.

Ó, meu querido Anjo, protegei-me até a hora da minha morte, e quando esta chegar, segurai firmemente a minha mão até alcançarmos as Alegrias Celestes.

Que assim seja!

Senhor, tende piedade de nós.

Jesus Cristo, tende piedade de nós.

Senhor, tende piedade de nós.

Jesus Cristo, ouvi-nos.

Pai Celeste, que sois Deus, tende piedade de nós.

Filho, Redentor do Mundo, que sois Deus, tende piedade de nós.

Espírito Santo, que sois Deus, tende piedade de nós.

Santíssima Trindade, que sois um só Deus, tende piedade de nós.

Santa Maria, Rainha dos Anjos, rogai por nós.

Anjo do Céu, que sois meu guardião, rogai por mim.

Anjo do Céu, a quem reverencio como meu príncipe, rogai por mim.

Anjo do Céu, que me dais conselhos de beneficência, rogai por mim.

Anjo do Céu, que me dais sábios conselhos, rogai por mim.

Anjo do Céu, que vos encarregais de mim como um zeloso tutor, rogai por mim.

Anjo do Céu, que provedes minhas necessidades, rogai por mim.

Anjo do Céu, que me amais ternamente, rogai por mim.

Anjo do Céu, que sois meu consolo, rogai por mim.

Anjo do Céu, que me acompanhais como um bom irmão, rogai por mim.

Anjo do Céu, que me instruís sobre meus deveres e sobre a Verdade da salvação, rogai por mim.

Anjo do Céu, que me guiais com a caridade do pastor, rogai por mim.

Anjo do Céu, que testemunhais todas as minhas ações, rogai por mim.

Anjo do Céu, que me ajudais em todos os meus compromissos, rogai por mim.

Anjo do Céu, que estais continuamente a vigiar--me, rogai por mim.

Anjo do Céu, que me apoias em todas minhas empreitadas, rogai por mim.

Anjo do Céu, que me levais pela mão, rogai por mim.

Anjo do Céu, que supervisionais todos os meus caminhos, rogai por mim.

Anjo do Céu, que sois meu consolo, rogai por mim.

Anjo do Céu, que me defendeis com zelo, rogai por mim.

Anjo do Céu, que me conduzis com sabedoria, rogai por mim.

Anjo do Céu, que me guardais de todo perigo, rogai por mim.

Anjo do Céu, que dissipais minhas trevas e iluminais meu espírito, rogai por mim.

Cordeiro de Deus, que tirais os pecados do mundo, perdoai-nos, Senhor.

Cordeiro de Deus, que tirais os pecados do mundo, atendei nossos pedidos, Senhor.

Cordeiro de Deus, que tirais os pecados do mundo, tende piedade de nós, Senhor.

Jesus Cristo, ouvi-nos.

Jesus Cristo, acolhei nosso pedido.

Rogai por nós, Santo Anjo da Guarda, para que a graça solicitada nos seja concedida. Que assim seja!

Amável Príncipe da Corte Celeste, meu querido Anjo da Guarda, quanto reconhecimento sinto por vossos constantes cuidados! De quantos perigos me preservastes! Quantas graças obtive de Deus graças a vossas orações!

Desde o primeiro instante da minha existência, nunca me deixastes nem por um só momento, redobrando o zelo e a caridade quando minha alma, infiel a seu Deus, rejeitava vossos avisos: então vós me observáveis, meu Anjo, como quem olha um(a) pobre insensato(a) que não sabe o que faz e esperáveis com paciência o momento em que a Graça de Deus triunfaria sobre minhas resistências; este momento é enfim chegado, ó meu querido Anjo: quero pertencer a Deus. Mas, conhecendo minhas fraquezas, lanço-me em vossos braços. Lembrai-vos de que minha pobre alma é o preço do sangue de Jesus Cristo, e não vos canseis jamais de apoiá-la até que ela esteja em segurança junto a seu Deus.

Guia pleno de Bondade, perdoai minhas infidelidades, minhas ingratidões, e permiti que vos honre com meu respeito, meu reconhecimento e meu amor. Na presença de Jesus Cristo, de Maria e de toda a Corte Celeste, eu vos escolho como meu protetor, meu defensor, meu guia e meu melhor amigo. Eu vos confio a condução da minha vida: governai tudo em mim, minha memória, meu entendimento, minha vontade, minhas inclinações, meus desejos.

Ó meu Santo Anjo, eu vos amo e sempre amarei. Mil vezes bendigo o Senhor por vos haver concedido tantos dons celestiais, por vos haver santificado por Sua Graça e coroado por Sua Glória.

Quando me será permitido ver e conhecer-vos como me conheceis?

Quando me será permitido retribuir dignamente vossa afeição e vosso devotamento à minha alma?

A vós e à vossa imensa sabedoria me entrego para conduzirdes o(a) companheiro(a) ideal e perfeito(a) para mim e para a minha evolução nos caminhos do Pai Celeste, de Nosso Senhor Jesus Cristo e de Sua Doce Mãe Maria, se Deus quiser!

Eu Vos rogo:

† Em nome do Pai Criador,
† Em nome do Espírito Santo Consolador,
† Em nome do Cristo Redentor,
† Em nome da Mãe Divina, a Rainha do Céu,
Que assim seja!

ORAÇÃO A SANTO ANTÔNIO DE PÁDUA

SANTO ANTÔNIO DE PÁDUA é mais conhecido por encontrar coisas perdidas, mas pode interceder em mui-

tas outras ocasiões, sobretudo para ajudar a "encontrar" a alma gêmea.

Oração de abertura + exorcismo +:

Grande Santo Antônio de Pádua,
Vós que viestes entre nós,
Concedei-me esse benefício.
Dai-me um(a) noivo(a)!
Santo Antônio de Pádua,
Vós que podeis tudo,
Oferecei-me este presente,
Se Deus quiser!

Eu Vos rogo ardentemente:

† Em nome do Pai Criador,
† Em nome do Espírito Santo Consolador,
† Em nome do Cristo Redentor,
† Em nome da Mãe Divina, a Rainha do Céu,
Que assim seja!

Ó grande Santo Antônio de Pádua, douto conhecedor das Escrituras, inspirado pelo Espírito Santo, grande sábio, apto a desvendar as situações mais complexas e a aconselhar aquele(a) que apela a vosso saber; luminosa inteligência para quem as Escrituras mais inacessíveis ao espírito comum não têm nenhum segredo!

Ó, glorioso Santo Antônio, que viveis banhado pela Luz do Espírito Santo, que convertestes vários hereges graças à exatidão do vosso raciocínio e da vossa excepcional erudição, esclarecei-me quanto à escolha a ser feita e à decisão a tomar.

Deus Eterno e Todo-Poderoso, que desejastes que Vosso povo encontrasse em Santo Antônio de Pádua um pregador e uma fonte de ciência, permiti que com seu apoio e sua ajuda eu faça a melhor escolha para encontrar um(a) companheiro(a); Vós, que conheceis minha solidão, preciso de uma opinião esclarecida e de um braço firme para evitar os erros que conduzem ao pecado e ao vício.

Santo Antônio de Pádua, não permitais que as trevas obscureçam meu espírito, enviai-me a Luz de vossa inteligência para me inspirar e escolher com conhecimento de causa, se Deus quiser!

Eu Vos rogo:

† Em nome do Pai Criador,
† Em nome do Espírito Santo Consolador,
† Em nome do Cristo Redentor,
† Em nome da Mãe Divina, a Rainha do Céu,

Que assim seja!

+ *Ave-Maria*

FELICIDADE CONJUGAL

Invocamos SANTO SAVINIANO para ter um casamento feliz. Ele viveu no século I; foi enviado por São Pedro à Gália para pregar o Evangelho e tornou-se o primeiro bispo de Sens; conseguiu evitar o colapso da união da rainha Constança e de muitos outros casais durante toda a sua vida.

Ó Jesus, Nosso Senhor e nosso Deus, concedei-nos a graça de conhecer a grandeza do Vosso Amor por nós e dele nos tornarmos dignos!

Nossa própria existência é um presente do Vosso Amor, ó meu Deus, bem como nossas alegrias domésticas e a doçura da amizade. Dignai-Vos a atender nosso pedido, por intercessão do Vosso bispo Santo Saviniano; nós Vos rogamos por Nosso Senhor Jesus Cristo. Que assim seja!

Santo Saviniano, vós que pela Graça Divina recebestes o dom de apaziguar os conflitos entre os casais, que sempre soubestes fazer brotar o amor conjugal que se acreditava perdido, fazei com que meu casamento (ou o casamento de *x*... (*dizer o nome das pessoas*) seja sempre um exemplo de amor e de confiança, de ternura e de felicidade, se Deus quiser!

Eu Vos rogo:

† Em nome do Pai Criador,
† Em nome do Espírito Santo Consolador,
† Em nome do Cristo Redentor,
† Em nome da Mãe Divina, a Rainha do Céu,
Que assim seja!

ORAÇÃO A SÃO JOSÉ

Por ter aceitado desposar Maria já grávida, (o que a faria ser condenada ao apedrejamento até a morte), SÃO JOSÉ é o grande patrono do casamento, representando tudo o que há de pureza e respeito pelo outro!

Oração de abertura + exorcismo +:

Ó Deus infinitamente Bom, que por uma providência inefável escolhestes São José como pai adotivo de Vosso Filho e castíssimo companheiro de Maria, concedei-nos a Graça de ter por intercessor junto a Vós no Céu aquele que não cessamos de honrar como nosso poderoso advogado e nosso constante consolador e protetor.

É o que Vos rogamos por Nosso Senhor Jesus Cristo; que assim seja!

Grande São José, os bons casamentos são feitos no Céu, então eu vos suplico humildemente, em nome de vossa felicidade incomparável ao tornar-se o legítimo esposo e protetor da Santíssima Virgem Maria, a Mãe de Nosso Senhor Jesus Cristo, vossa ajuda para encontrar o ser perfeito para mim e para minha situação, o(a) que será um marido (*ou uma esposa*) fiel e amoroso(a), a fim de que eu possa servir a Deus em uma relação de união e compreensão, atraindo assim as Bênçãos Celestes sobre nossa família e dando ao nosso Pai do Céu crianças respeitosas e amorosas, se Deus quiser!

São José, rogai por nós nos perigos e nas adversidades, nos acontecimentos dolorosos e nos imprevistos, na pobreza e no infortúnio, em nossas doenças e em nossas enfermidades, e no instante de nossa morte. Entretanto, para a vida que ainda tenho a viver, encontrai para mim um bom marido (*ou uma boa esposa*), se Deus quiser!

Nós Vos rogamos:

† Em nome do Pai Criador,
† Em nome do Espírito Santo Consolador
† Em nome do Cristo Redentor

† Em nome da Mãe Divina, a Rainha do Céu,
Que assim seja!

Outra:

Essa oração é particularmente poderosa, pois abrange todas as angústias e felicidades que São José viveu como pai adotivo de Jesus.

Oração de abertura + exorcismo +:

Ó casto esposo de Maria, glorioso São José, qual não foi a aflição, a angústia e a perplexidade do vosso coração ao saber que deveríeis abandonar vossa castíssima esposa! Mas também qual não foi vossa alegria quando o anjo vos revelou o segredo da Encarnação!

Nós vos rogamos, em nome dessa dor e dessa alegria, a graça de consolardes nosso coração agora e na hora das últimas agonias. Dai-nos também a alegria de uma vida boa e de uma morte semelhante à vossa, entre Jesus e Maria; que assim seja!

Pai-Nosso + Ave-Maria

Ó Bem-Amado e glorioso São José, que fostes escolhido para ser o pai adotivo do Verbo feito Homem, a dor que sentistes vendo nascer em tanta pobreza o menino Jesus logo transmutou-se em alegria Celeste ao ouvirdes o concerto dos anjos, e testemunhardes a glória resplandecer naquela noite feliz!

Por essa dor e por essa alegria, vos suplicamos alcançar a graça de, após esta vida, podermos ouvir os louvores dos coros angelicais e gozar dos esplendores da Glória Celeste, que assim seja!

Pai-Nosso + Ave-Maria

Ó fiel servidor das Leis Divinas, glorioso São José, o sangue precioso que Jesus, nosso Redentor, derramou na circuncisão vos transpassou o coração; mas o nome de Jesus que então Ele recebeu vos encheu de alegria!

Por essa dor e por essa alegria, vos suplicamos a graça de viver afastados de todos os pecados, a fim de expirarmos jubilosos com o Santo Nome de Jesus no coração e nos lábios; que assim seja!

Pai-Nosso + Ave-Maria

Ó Santo fidelíssimo, a quem foram confiados os mistérios da nossa redenção, glorioso São José, se as profecias de Simeão a respeito dos sofrimentos que Jesus e Maria deveriam enfrentar vos causaram uma dor mortal, ao mesmo tempo ela vos inundou de alegria por anunciar a consequente salvação e a gloriosa ressurreição de grande número de almas.

Por essa dor e por essa alegria, vos suplicamos a graça de fazermos parte daqueles que, pelos méritos de Jesus e pela intercessão de Maria, hão de ressuscitar gloriosamente; que assim seja!

Pai-Nosso + Ave-Maria

Ó vigilante guardião, fiel e íntimo do Filho de Deus Encarnado, glorioso São José, que tanto sofreu para alimentar e servir ao Filho do Altíssimo, particularmente quando fostes obrigado a fugir para o deserto do Egito. Mas qual também não foi vossa alegria por ter sempre esse Deus feito Homem convosco e de ver, graças à Sua força, derrubados os vãos ídolos do Egito!

Por essa dor e por essa alegria, vos suplicamos a graça de manter longe de nós o inimigo da salvação e fugir das ocasiões perigosas, a fim de que a afeição pelos ídolos terrestres seja destroçada em nosso coração e que, ocupados em servir a Jesus e a Maria, vivamos unicamente para Ele e morramos na alegria do amor da Mãe e do Filho; que assim seja!

Pai-Nosso + Ave-Maria

Ó Anjo da Terra, glorioso São José, que admirado vistes o Rei do Céu submisso a vossas mais ínfimas vontades; vossa alegria ao reconduzi-lo do Egito foi turbada pelo temor de Arquelau; mas, tranquilizado pelo anjo, decidistes permanecer em Nazaré!

Por essa dor e por essa alegria, suplicamos a graça de afastar do nosso coração qualquer temor vão, de desfrutar de paz na consciência, de viver feliz com Jesus e Maria e de morrermos em Seus braços.

Pai-Nosso + Ave-Maria

Ó modelo de santidade, glorioso São José, perdestes o Menino Jesus, ainda que sem culpa, e O procurastes durante três dias, mergulhado em dor profunda; e enfim, cheio de alegria O encontrastes no templo entre doutores e filosofando com eles.

Por essa dor e por essa alegria, suplicamos do fundo do coração, que nunca nos suceda perder Jesus por alguma culpa grave; e se, por desgraça, O perdermos, O procuremos com tão amarga dor e ardor infatigável que Ele demonstre clemência sobretudo na hora da nossa morte, para O encontrarmos no Céu e ali cantar convosco Suas Divinas Misericórdias; que assim seja!

Pai-Nosso + Ave-Maria

Rogai por nós, glorioso São José, a fim de que nos tornemos dignos das promessas de Jesus Cristo, se Deus quiser!

Nós Vos rogamos:

† Em nome do Pai Criador,
† Em nome do Espírito Santo Consolador,
† Em nome do Cristo Redentor,
† Em nome da Mãe Divina, a Rainha do Céu,
Que assim seja!

CASAMENTO

(Para conseguir um bom)

Oração de abertura + exorcismo +:

Meu Deus, espalhai sobre mim Vossa Luz e Vossa Verdade; que elas me conduzam à Vossa Santa Montanha e me introduzam em Vossos Santos tabernáculos.

Enviai sobre mim o Espírito Santo, a fim de que Ele renove e fertilize a terra árida da minha alma.

Criai em mim um coração puro, ó meu Deus, e renovai em mim o espírito de retidão e de justiça.

Não me afasteis de Vossa Presença e não me privais dos dons do Espírito Santo.

Fortificai-me, Senhor, por Vosso Espírito soberano; então Vos cantarei louvores com alegria.

Minha alma, confia em Deus, e o Espírito Santo a cumulará de alegria e força sempre renovadas.

Confesso em Vossa Presença, Senhor, todas minhas iniquidades; dignai-Vos a me purificar cada vez mais.

Santíssima Virgem Maria, que concebestes nosso Divino Redentor graças apenas ao Espírito Santo, a Vós recorro!

Santos Apóstolos, que recebestes os dons inefáveis do Espírito Divino, a vós recorro!

A todos os eleitos pelo Senhor, santificados pelo mesmo Espírito de Graça e de Amor, permiti que meu coração seja inteiramente purificado de todas as máculas e se transforme no digno santuário desse Espírito adorável que em breve descerá. Vinde, Espírito Consolador, dádiva do Altíssimo, fogo sagrado que iluminais e vivificais nossos corações, unção santa que adocicais nossos males, força divina que firmais nossos passos, guia caridoso que nos conduzis à vida eterna, autor da verdadeira paz e da ciência da salvação.

† Glória ao Pai, Senhor soberano de todas as coisas,

† Glória ao Filho, o Redentor, que ressuscitou dos mortos,

† Glória ao Espírito Santo Consolador,
† Glória à Mãe Divina, a Rainha do Céu,
Por todos os séculos dos séculos, que assim seja!

Transbordam palavras sublimes do meu coração. Minha língua é como o estilo de um ágil escriba: Sois belo, o mais belo dos filhos dos homens, e Deus Vos cumulou de bênçãos eternas.

Cingi-Vos com Vossa espada da Justiça e parti para a vitória dos Justos, e Vossa mão direita se distinguirá por seus feitos gloriosos.

Reinareis pela doçura e pela justiça; e todos os povos se colocarão a Vossos pés. Vossas flechas destruirão meus inimigos, se eles forem também os Vossos.

Vosso trono, ó Deus, é eterno; e Vosso reino será o da retidão! Amais a justiça, e Vosso Deus Vos ungiu com óleo de mirra, aloés e incenso; posta-se à Vossa direita a Rainha dos anjos, com vestes de ouro e das cores do arco-íris.

Vê e ouve, não pense mais em teu templo e na casa de teu pai. De tua beleza se encantará o rei. Habitantes de Tiro virão com seus presentes e implorarão teu favor; resplandeces com vestes bordadas de ouro e belas cores.

Após tua entrada, são apresentadas as virgens, tuas companheiras, ao rei. Levadas entre alegrias e júbilos, ingressam no palácio real. Tomarão os vossos filhos o lugar de vossos pais, vós os estabelecereis príncipes sobre toda a Terra. Celebrarei Vosso nome através das gerações. E os povos vos louvarão eternamente.

Meu Senhor e meu Deus, comandai festa semelhante para minhas núpcias, pois ouço chegar aquele(a) que Vossa Bondade de Pai Celeste escolheu para mim; que assim seja!

Eu Vos rogo:

† Em nome do Pai Criador,
† Em nome do Espírito Santo Consolador
† Em nome do Cristo Redentor
† Em nome da Mãe Divina, a Rainha do Céu,
Que assim seja!

ORAÇÃO À VIRGEM MARIA

Oração de abertura + exorcismo +:

Ó Virgem Maria, que tivestes a felicidade de fundar uma família maravilhosa, olhai minha constante agonia!

Eu Vos suplico, ó rainha de todas as graças, encontrar alguém que me ame e a quem amarei.

Assim, juntos, Vos louvaremos todos os dias e Vos renderemos graças e adoraremos a Deus.

Eu Vos saúdo, coração puríssimo, desde Vossa imaculada concepção.

Eu Vos saúdo, coração humilíssimo, no dia da Anunciação.

Eu Vos saúdo, coração repleto de devoção, no nascimento de Jesus.

Eu Vos saúdo, coração fervilhante de amor por Deus, o Pai Celeste.

Eu Vos saúdo, coração vigilantíssimo, guardião das palavras de Deus.

Eu Vos saúdo, coração pacientíssimo em dias de provação.

Eu Vos saúdo, coração crucificado na Cruz com Vosso Filho Divino.

Eu Vos saúdo, coração fidelíssimo a Deus e a Suas leis.

Eu Vos saúdo, coração compassivo diante das fraquezas dos homens.

Eu Vos saúdo, coração cheio de solicitude por nossa redenção.

Eu Vos saúdo, coração virginal, coração santíssimo, coração sempre aplicado às contemplações Celestes.

Santíssima Mãe, rainha do Céu e dos anjos, a quem jamais oramos em vão, escutai minha súplica, conduzi-me àquele(a) que Vos parecerá digno de meu amor na Terra, se Deus quiser!

Nós Vos rogamos:

† Em nome do Pai Criador,
† Em nome do Espírito Santo Consolador,
† Em nome do Cristo Redentor,
† Em nome da Mãe Divina, a Rainha do Céu,
Que assim seja!

ORAÇÃO A SANTA MARTA

SANTA MARTA era irmã de Maria Madalena e de Lázaro, que foi ressuscitado por Jesus. Sua casa servia de ponto de encontro para Jesus e os apóstolos. Por seu papel de hospedeira, intercede às vezes como casamenteira.

Oração de abertura + exorcismo +:

Ó Deus infinitamente bom e misericordioso, concedestes a Santa Marta o poder de curar, dos pobres seres que somos, nossos sofrimentos e de abrir sua casa a quem necessita de um refúgio de paz, de um lugar onde encontrar quem compartilha da mesma fé. Por este motivo, a ela recorro para enfim encontrar o ser ideal que compartilhará da minha fé e dos meus valores, a fim de que sua mão guie a minha e a minha guie a sua, nos difíceis caminhos desta vida, amando e respeitado nosso Deus; que assim seja!

Santa Marta, atenciosa hospedeira de Nosso Senhor Jesus e de Seus discípulos, abra a casa do teu coração, deixa-me aí repousar de meus sofrimentos e desilusões, mostra aquele(a) que saberá afastar meus passos das armadilhas de Satanás e de seus demônios, que manterá firme o amor por Cristo e o respeito às Suas leis. Assim como ele disse "amai-vos uns aos outros", quero amar e ser amada(o) para a maior glória dos Céus e de seus anjos, se Deus quiser!

Eu Vos rogo:

† Em nome do Pai Criador,
† Em nome do Espírito Santo Consolador,
† Em nome do Cristo Redentor,
† Em nome da Mãe Divina, a Rainha do Céu,
Que assim seja!

PERDÃO

(Para saber concedê-lo)

Espiritualmente, trata-se da arma absoluta nos períodos de adversidade, mas às vezes exige grande força da alma.

Invocamos SÃO ROMÃO como intercessor. De origem irlandesa, instalou-se na Bretanha no século VI. Conhecido pelos milagres realizados, decidiu fugir da multidão e preferiu a solidão da floresta. Foi então vergonhosamente acusado de bruxaria e mesmo do assassinato de uma jovem que, supostamente, a ele se recusara. Para provar sua fé, a ressuscitou. Lançaram então contra ele cães raivosos, mas estes lhe lamberam as mãos quando pronunciou, fazendo o sinal da cruz, a frase: "Que o Senhor os detenha!" Durante toda a sua vida, a todos que lhe fizeram mal retribuiu em cêntuplo com o Bem, em nome do Perdão de Cristo.

Meu Senhor e meu Deus, vede minha aflição; lançai um olhar de compaixão diante da minha fraqueza!

Não possuo a força de alma de Vosso servidor São Romão, que perseguido por calúnias e oprimido por mentiras praticava sem cessar o perdão em nome de Nosso Senhor Jesus Cristo.

Senhor, desejo essa força de alma: embora meu coração esteja destroçado, dai-me a coragem de perdoar o mal que me foi feito!

Piedade, São Romão, piedade! Vós que, acusado das piores mentiras, dos crimes mais graves para um servo de Cristo, sempre afastastes o Mal com doces palavras de amor e de perdão, dai-me um sopro da vossa força, uma simples pitada de vossa fé inquebrantável na adversidade, e eu também perdoarei.

Piedade, São Romão, piedade! Eu imploro, rogai por mim, ajudai-me, fortalecei minha alma e minha boca de coragem e de indulgência, se Deus quiser!

Eu Vos rogo:

† Em nome do Pai Criador,
† Em nome do Espírito Santo Consolador,
† Em nome do Cristo Redentor,
† Em nome da Mãe Divina, a Rainha do Céu,
Que assim seja!

PROTEÇÃO PARA OS CASAIS

Invocamos SÃO BALDO para proteger o entendimento entre os casais. É provável que seu nome venha de um semideus escandinavo, Balder, filho de Odin (o pai dos deuses). Balder era tão meigo e tão belo que despertou o ciúme de Loki, equivalente a Satanás para os cristãos, que o mandou assassinar.

Ó Deus, que por excesso da grande Bondade que Vos é própria, estais sempre disposto a nos perdoar e a nos conceder graças, e que nos destes na figura de São Baldo um tão caridoso advogado para, por sua intercessão junto ao Vosso Coração, obter a paz, a união e a caridade que devem reinar em toda família regida pelo amor; dignai-Vos, pelas preces de São Baldo e por seus méritos, conceder-nos a graça que Vos suplicamos, por sua intercessão. Por Nosso Senhor Jesus Cristo, que assim seja!

São Baldo, tão conhecido por vossa brandura, vós que velais para que reine a paz, o entendimento e a ternura entre as pessoas que se amam, rogai por nós, ajudai-nos, protegei-nos de toda violência e de toda ameaça, tanto as vindas de fora quanto de dentro, se Deus quiser!

Nós Vos rogamos:

† Em nome do Pai Criador,
† Em nome do Espírito Santo Consolador,
† Em nome do Cristo Redentor,
† Em nome da Mãe Divina, a Rainha do Céu,
Que assim seja!

ORAÇÃO A SANTA RITA

SANTA RITA (diminutivo de Margherita), viveu na Itália no século XIV e foi obrigada pelos pais a casar-se aos doze anos. Tendo perdido seu marido e seus dois filhos, foi aceita no convento e carregava o estigma da coroa de espinhos de Cristo, que furavam sua pele e lhe causavam terrível sofrimento. Isso não a impediu de curar um grande número de doentes. Ela é a santa padroeira das causas desesperadas.

Oração de abertura + exorcismo +:

Senhor Jesus, que permitistes a Santa Rita distribuir suas caridades inumeráveis, a ela nos unimos para cantar em Vosso louvor, Vos bendizer e merecer Vossa proteção.

Ó Bem-Amada Santa Rita, recorremos à vossa proteção; obtende, por vossa intercessão, a assistência de vossa graça.

A vós suplicamos por Nosso Senhor Jesus Cristo; que assim seja!

Santa Rita, maravilhosa padroeira das causas desesperadas, rogai por nós, socorrei-nos, ajudai-nos, se Deus quiser!

Santa Rita, vós que jamais invocamos em vão na urgência e na aflição; vede meu desespero e minha solidão; vós que fostes casada apesar do voto de castidade, vede o quanto falta à minha felicidade e à minha plenitude a presença de um(a) companheiro(a) para apoiar-me nas provações da vida. Temerosa(o), porém, de encontros ruins, capazes de lançar minha alma nos caminhos da perdição, vos rogo: velai por minhas escolhas e afastai de mim os(as) sedutores(as), pois sei o quanto Deus escuta vossos pedidos.

Santa Rita, eu vos confio minhas orações para que as deponhais aos pés de Deus, Nosso Senhor, para que minhas esperanças se realizem, se Deus quiser!

Nós Vos rogamos:

† Em nome do Pai Criador,
† Em nome do Espírito Santo Consolador,
† Em nome do Cristo Redentor,
† Em nome da Mãe Divina, a Rainha do Céu,
Que assim seja!

SOLIDÃO

(Para os que sofrem de)

Oração de abertura + exorcismo +:

Deus é caridade, e aquele que se mantém na caridade permanece em Deus, e Deus nele.

Digo: Senhor, tende piedade de mim, sede o meu socorro, minha ajuda e minha força; não me abandoneis, ó Deus meu Salvador.

† Glória ao Pai, Senhor soberano de todas as coisas,
† Glória ao Filho, o Redentor que ressuscitou dos mortos,
† Glória ao Espírito Santo Consolador,
† Glória à Mãe Divina, Rainha do Céu,
Por todos os séculos dos séculos, que assim seja!

Afora Vós, o que há para mim no Céu? Se Vos possuo, nada mais me atrai na Terra.

Oh, como Deus é bom para aqueles que Vos honram, e para quem têm o coração puro!

Contudo, meus pés estavam a ponto de resvalar; por pouco não escorreguei, porque me indignava contra a inveja dos ímpios, vendo a minha tranquila felicidade.

A morte parece os haver esquecido: eles não trabalham e não são atingidos pela Cólera Divina como os outros homens.

Eles se adornam com um colar de orgulho e se cobrem com um manto de impiedade e violência! A iniquidade transborda de seus corpos e seus corações são repletos de malevolência!

Eles apenas pensam em fazer o mal, e a injustiça é a sua lei. Zombam e falam com malícia, discursam altivamente em tom ameaçador.

Com seus propósitos afrontam o Céu e suas línguas ferem toda a Terra.

Por isso se volta para eles o meu povo, dizendo então: porventura Deus o sabe? Tem o Altíssimo conhecimento de seus crimes? Eles estão sempre vivendo na abundância e obtêm tudo aquilo que querem.

Então foi em vão que conservei o coração puro e na inocência lavei as minhas mãos? Pois tenho sofrido muito e sido castigado cada dia. E se eu tivesse dito: "Também quero ser como eles", seria infiel à raça de Vossos filhos.

Reflito para compreender este problema; mui penosa me pareceu esta tarefa, até o momento em que entrei no Vosso santuário e me dei conta da sorte que os espera. Sim, Vós os colocais num terreno escorregadio, à ruína Vós os conduzis. Eis que subitamente se arruinaram, sumiram, destruídos por catástrofe medonha. Como de um sonho ao se despertar, Senhor, levantando-Vos, desprezais a sombra deles.

Quando eu me exasperava e se me atormentava o coração, eu ignorava, não entendia, como um animal qualquer. Mas estarei sempre convosco, porque Vós me tomastes pela mão. Vossos desígnios me conduzirão, e, por fim, na glória me acolhereis.

Afora Vós, o que há para mim no Céu? Se Vos possuo, nada mais me atrai na Terra. Meu coração e minha carne podem já desfalecer, a rocha de meu coração e minha herança eterna é Deus.

Sim, perecem aqueles que de Vós se apartam, destruís os que procuram satisfação fora de Vós.

Mas, para mim, a felicidade é me aproximar de Deus, é pôr minha confiança no Senhor Deus, a fim de narrar as Vossas maravilhas diante das portas da filha de Sião.

Pai-Nosso...

Senhor, tende piedade daqueles que são sós! Criastes o Homem e a Mulher para que juntos formem um só ser devotado à Vossa glória. Vede, Senhor, como minha vida é vazia, pois sinto falta desesperada da outra metade que me destinastes desde o ventre da minha mãe.

Meu Senhor e meu Deus, espero que coloques em meu caminho a outra parte de mim, sem a qual não existo verdadeiramente.

Que assim seja!

Ave-Maria...

Eu Vos rogo:

† Em nome do Pai Criador,
† Em nome do Espírito Santo Consolador,
† Em nome do Cristo Redentor,
† Em nome da Mãe Divina, a Rainha do Céu,
Que assim seja!

UNIÃO ENTRE CÔNJUGES

(Para que sejam felizes)

SANTA ANA era mãe da Virgem Maria. Com seu marido, Joaquim, certamente necessitou de grande fé ao ver a filha engravidar antes de casar-se, o que na época levava a condenação à morte por apedrejamento. Por isso, os dois representam a imagem do casal perfeitamente unido nas provações.

Oração de abertura + exorcismo +:

Nós vos saudamos, grande Santa Ana. Sede abençoada entre todas as mulheres, vós que tivestes a felicidade de carregar em vosso ventre a Santíssima e Imaculada Virgem Maria, Mãe de Deus; compartilhamos da alegria que sentistes no momento do nascimento de vossa augusta criança, da admiração que vos causaram as virtudes desta Virgem eleita por Deus para ser a mãe de Nosso Senhor, e ao generoso sacrifício feito de conduzir a criança tão amada ao Templo do Senhor!

Apresentai-nos também, grande Santa, a Maria, vossa querida filha, e a Jesus Cristo, seu Filho, e sede nossa advogada e nossa protetora tanto junto a um quanto ao outro.

Ensinai-nos a forjar nossa conduta no modelo de Maria: que vivamos, como vós e como Ela, uma vida simples, retirada, desconhecida do mundo, mas cheia de méritos aos olhos de Deus, e que remetamos nossas almas em paz às mãos de Nosso Criador, invocando com amor e confiança os santos nomes de Jesus e de Maria!

Esperamos obter todas essas graças por vossa intercessão, se formos bastante felizes de ter encontrado a graça junto de vós, ó santa Mãe de Maria, concebida sem pecado; que assim seja!

Senhor, tende piedade de nós.
Jesus Cristo, tende piedade de nós.
Senhor, tende piedade de nós.
Jesus Cristo, ouvi-nos.
Jesus Cristo, atendei-nos.

Pai Celeste, que sois Deus, tende piedade de nós.

Filho Redentor do mundo, que sois Deus, tende piedade de nós.

Espírito Santo, que sois Deus, tende piedade de nós.

Santa Trindade, que sois um só Deus, tende piedade de nós.

Santa Ana, avó do Verbo Encarnado, rogai por nós.

Santa Ana, mãe da Virgem Imaculada, que esmagou a cabeça da serpente infernal, rogai por nós.

Santa Ana, em quem foram formadas a arca da aliança e da verdadeira Porta do Céu, rogai por nós.

Santa Ana, que deu à luz Aquela que é nossa Vida, nossa Doçura e nossa Esperança, rogai por nós

Santa Ana, abençoado caule de onde surgiu a Flor dos Campos, o Lírio do Vale, rogai por nós.

Santa Ana, a quem nós devemos Maria, nossa Doce Mãe, Rogai por nós.

Santa Ana, filha dos patriarcas, rogai por nós.

Santa Ana, oráculo dos profetas, rogai por nós.

Santa Ana, alegria dos sacerdotes e levitas, rogai por nós.

Santa Ana, cheia e cumulada de graças, rogai por nós.

Santa Ana, Nuvem Resplandecente, rogai por nós.

Santa Ana, modelo de Obediência, rogai por nós.

Santa Ana, modelo acabado de Paciência, rogai por nós.

Santa Ana, modelo de Devoção, rogai por nós.

Santa Ana, Fortaleza da Igreja, rogai por nós.

Santa Ana, Refúgio de todos os pecadores, rogai por nós.

Santa Ana, Libertação dos Prisioneiros, rogai por nós.

Santa Ana, Protetora dos Cônjuges, rogai por nós.

Santa Ana, Mãe ternissima das viúvas, rogai por nós.

Santa Ana, Mestra e educadora das virgens, rogai por nós.

Santa Ana, Protetora dos Viajantes, rogai por nós.

Santa Ana, Curadora dos Enfermos, rogai por nós.

Santa Ana, alívio e alegria dos aflitos, rogai por nós.

Santa Ana, Luz e refúgio de todos que a invocam, rogai por nós

Cordeiro de Deus, que tirais os pecados do mundo, perdoai-nos, Senhor.

Cordeiro de Deus, que tirais os pecados do mundo, atendei-nos, Senhor.

Cordeiro de Deus, que tirais os pecados do mundo, tende piedade de nós.

Jesus Cristo, atendei-nos.

Louvemos e veneremos a gloriosa Santa Ana, mãe de Maria, a Virgem Imaculada, filha amada do Pai, Mãe do Verbo Encarnado, Esposa do Espírito Santo.

Ó Deus, Todo-Poderoso e Eterno que Vos dignastes conceder a Santa Ana a graça de ser a mãe da Mãe de Vosso Unigênito Filho, concedei-nos, por Vossa Bondade e Misericórdia, que nós, que celebramos devotamente sua memória, obtenhamos por seus méritos a alegria de encontrar, enfim, aquele (a) que nos encherá da mesma felicidade que ela viveu com São Joaquim, sempre terno e atento a seu lado em todas as adversidades da vida.

Pelo mesmo Jesus Cristo, Nosso Senhor e Vosso Filho, que sendo Deus, convosco vive e reina, na unidade do Espírito Santo, por todos os séculos dos séculos.

Nós Vos pedimos:

† Em nome do Pai Criador,
† Em nome do Espírito Santo Consolador,
† Em nome do Cristo Redentor,
† Em nome da Mãe Divina, a Rainha do Céu,
Que assim seja!

ORAÇÃO A SÃO VALENTIM

Na história, encontramos dois santos com o mesmo nome. Um SÃO VALENTIM, sacerdote em Roma, sob o governo do imperador Claudio II; e outro, bispo do século III. Ambos, porém, viveram histórias semelhantes. Presos por sua fé, curaram a filha do chefe dos carcereiros, que se converteram. Ambos também acabaram decapitados. Os dois santos estão enterrados em Terni, na Itália. Ninguém sabe o motivo de terem se transformado no Santo Padroeiro dos namorados. Talvez isso se dê pelo fato de os primeiros cantos de amor dos pássaros acontecerem na época que precede a festa romana do amor e da fecundidade. O dia dos namorados é festejado, em muitos países, no dia 14 de fevereiro.

Oração de abertura + exorcismo +:

Que nossa boca, nossa alma e nossa vida Vos louvem, Senhor, e como a saúde perfeita é um dom de Vossa Bondade, concedei-nos esse dom precioso pelos méritos de São Valentim.

Pedimos que esse santo sacerdote e mártir reze particularmente por aqueles que devem unir-se pelos laços do casamento, para que, abençoados pelo amor mútuo e inviolável, Vos sejam agradáveis pela santidade de suas vidas.

Que por sua intercessão junto a Vós, São Valentim vele também todos os dias por nossa saúde e pela força da nossa vida.

Rogamos por Nosso Senhor Jesus Cristo, que assim seja!

São Valentim, rogai por nós, para que sejamos preservados e libertados dos males de que padecemos, em particular dessa solidão tão dolorosa.

São Valentim, Santo Padroeiro dos namorados, concedei-me vossa ajuda para dissipar as trevas do meu coração e permita-me a felicidade de encontrar e guardar minha alma gêmea, designada por Deus desde a noite dos tempos para compartilhar minha vida e caminhar ao meu lado pelos caminhos do Céu, se Deus quiser!

Nós Vos rogamos:

† Em nome do Pai Criador,
† Em nome do Espírito Santo Consolador,
† Em nome do Cristo Redentor,
† Em nome da Mãe Divina, a Rainha do Céu,
Que assim seja!

VIRTUDE

(Para protegê-la)

Tanto a dos outros quanto a sua própria. Cada vez mais jovens querem guardar-se virgens para aquele que será seu esposo.

SANTA INÊS é a santa padroeira das virgens. Viveu no século IV. Aos 13 anos, sua beleza atraiu o interesse do filho do prefeito romano. Diante de sua recusa, o pai do rapaz ordenou sua prisão em um prostíbulo. Os homens, contudo, não se atreviam a tocá-la. Aqueles que ousaram, caíram duros e mortos a seus pés. Condenada à fogueira, as chamas a pouparam e espalharam-se pela multidão. Ela morreu decapitada.

Meu Senhor e meu Deus, vede meu desespero; a Vós clamo para firmemente me proteger da lascívia dos homens. Vós sois minha testemunha. Eu não me exponho de propósito a seus olhares ávidos, baixo os olhos diante deles.

Clamo também a Vós, minha divina Mãe, Virgem das virgens; eu Vos suplico, protegei minha virtude como Deus protegeu a Vossa.

Apelo também a vós, doce Inês, cuja beleza presenteada por Deus foi a causa de vossa infelicidade. Qual não foi o vosso combate para preservar a virgindade, tão jovem e, no entanto, tão fortificada em vossa fé. Eu vos admiro, doce Inês, mas confesso não ter tamanha fé tão inculcada no corpo. Se confio na firmeza da minha alma, se meu coração deseja preservar minha virtude a fim de oferecê-la àquele que Deus me destinará, temo a violência dos homens cujo olhar já considero uma ofensa.

Virtuosa Santa Inês, rogai por mim, ajudai-me e protegei minha virtude da mesma maneira que soubestes proteger a vossa, se Deus quiser!

Eu Vos peço:

† Em nome do Pai Criador,
† Em nome do Espírito Santo Consolador,
† Em nome do Cristo Redentor,
† Em nome da Mãe Divina, a Rainha do Céu,
Que assim seja!

ADVERSIDADE

O velho provérbio "antes só do que mal acompanhado" é muito correto. Viver com alguém que nos trata mal, nos engana e nos brutaliza é o inferno na Terra. Muitas vezes, contudo, é preciso bastante coragem para ousar pôr fim a uma situação insuportável. Algumas orações podem nos ajudar.

ABANDONO

(Contra o)

Pai-Nosso
Ave-Maria

† Glória ao Pai, Senhor Soberano de todas as coisas,
† Glória ao Filho, o Redentor que ressuscitou dos mortos,
† Glória ao Espírito Santo Consolador,
† Glória à Mãe Divina, a Rainha do Céu,

Por todos os séculos dos séculos, que assim seja!

Meu Deus, meu Deus, eles confiavam em Vós; por que os abandonastes?

Meu Deus, meu Deus, por que me abandonastes? E por que permaneceis longe de minhas súplicas e de meus gemidos?

Meu Deus, clamo de dia e não me respondeis; imploro de noite e não me atendeis.

Nossos pais puseram sua confiança em Vós, esperaram em Vós e os livrastes. A Vós clamaram e foram salvos; confiaram em Vós e não foram confundidos.

Eu, porém, sou um verme, não sou homem, sou o opróbrio de todos e a abjeção da plebe. Todos os que me veem zombam de mim; dizem, meneando a cabeça: "Esperou no Senhor, pois que Ele o livre, que o salve, se o ama."

Sim, fostes Vós que me tirastes do ventre de minha mãe e seguro me fizestes repousar em seu seio. Eu Vos fui entregue desde o meu nascer, desde o ventre de minha mãe Vós sois o meu Deus. Não fiqueis longe de mim, pois estou atribulado; vinde para perto de mim, porque não há quem me ajude.

Cercam-me touros numerosos, rodeiam-me touros de Basã; contra mim eles abrem suas bocas, como o leão que ruge e arrebata.

Derramo-me como água, todos os meus ossos se desconjuntam; meu coração tornou-se como cera, e derrete-se nas minhas entranhas. Minha garganta está seca qual barro cozido, pega-se no paladar a minha língua: Vós me reduzistes ao pó da morte.

Sim, rodeia-me uma malta de cães, cerca-me um bando de malfeitores. Traspassaram minhas mãos e meus pés: poderia contar todos os meus ossos. Eles me olham e me observam com alegria, repartem entre si as minhas vestes, e lançam sorte sobre a minha túnica.

Porém Vós, Senhor, não Vos afasteis de mim; ó meu auxílio, bem depressa me ajudai. Livrai da espada a minha alma, e das garras dos cães a minha vida. Salvai-me a mim, mísero, das gargantas do leão e dos chifres dos búfalos.

Então anunciarei Vosso nome a meus irmãos, e Vos louvarei no meio da assembleia. Direi: "Vós que temeis o Senhor, louvai-O; vós todos, descendentes de Jacó, aclamai-O; temei-O, todos vós, estirpe de Israel, porque Ele não rejeitou nem desprezou a miséria do infeliz, nem dele desviou a sua face, mas o ouviu, quando Lhe suplicava."

De Vós procede o meu louvor na grande assembleia, cumprirei meus votos na presença dos que Vos temem. Os pobres comerão e serão saciados; louvarão o Senhor aqueles que O procuram. Vivam para sempre os nossos corações.

Hão de se lembrar do Senhor e a Ele se converter todos os povos da Terra; e diante Dele se prostrarão todas as famílias das nações, porque a realeza pertence ao Senhor, e Ele impera sobre as nações.

Todos os que dormem no seio da Terra O adorarão; diante Dele se prostrarão os que retornam ao pó.

Para Ele viverá a minha alma, há de servi-Lo minha descendência. Ela falará do Senhor às gerações futuras e proclamará Sua justiça ao povo que vai nascer: eis o que fez o Senhor. Que assim seja.

Senhor, fortalecei no fundo da minha alma um grande amor por todos os que sofrem de abandono; tornai minha fé inabalável, fortificai minha esperança e aumentai meu amor por Vós!

Que o Senhor se levante e que Seus inimigos sejam dispersos como palha na tempestade.

Bendito seja o nome do Senhor hoje e sempre.

O Senhor é minha porção hoje e por toda a eternidade; que assim seja!

Meu Senhor e meu Deus, aquele(a) a quem amo me abandona; minha alma mergulha no desespero e na culpa. Senhor, mereço isso? É o Senhor que assim me punis?

Submeto-me à Vossa vontade, Senhor, mas meu coração sangra; volte o Vosso doce olhar para mim; salvai-me dessa provação, se for possível.

Que Vossa Vontade seja feita!

Eu Vos rogo:

† Em nome do Pai Criador,

† Em nome do Espírito Santo Consolador,

† Em nome do Cristo Redentor,
† Em nome da Mãe Divina, a Rainha do Céu,
Que assim seja!

ACUSAÇÕES INJUSTAS

Oração de abertura + exorcismo +:

O perverso faz o mal.
Ele cava uma fossa sob os pés.
E tomba na fossa que cavou.
Meu escudo é Deus,
Pois Deus é um juiz justo.
Ele salvou os que marcou com o selo do batismo
E os que têm o coração reto.
Louvo meu Senhor por Sua Justiça,
E canto minha confiança
No Deus eterno e justo.
Meu Deus, protegei-me
Das acusações injustas e das calúnias.

Eu Vos rogo:

† Em nome do Pai Criador,
† Em nome do Espírito Santo Consolador,
† Em nome do Cristo Redentor,

† Em nome da Mãe Divina, a Rainha do Céu,
Que assim seja!

+ 5 Pais-Nossos e 5 Ave-Marias

Outra:

SÃO NICOLAU nasceu no século II, na Ásia Menor. Tornou-se bispo e participou do Concílio de Niceia, onde proclamou a divindade de Jesus. Ofereceu grandes somas de ouro a três jovens que o pai queria prostituir, mas é conhecido sobretudo por ter ressuscitado três crianças cortadas em pedaços e postas a salgar por um estalajadeiro, que afirmava tratar-se de carne de porco. São Nicolau protege os fiéis contra as falsas acusações.

Oração de abertura + exorcismo +:

Concedei a nossas orações, Deus Todo-Poderoso, o direito de Vos honrar sinceramente pelas homenagens que rendemos a São Nicolau; sede abençoado e louvado eternamente por tê-lo cumulado com Vossos dons e por nos ter concedido esse santo como tão poderoso e tão amável protetor.

Meu Deus, não limitai Vossa Bondade ao tempo passado; estendei-a ao presente e ao futuro.

A Vós rogamos por Nosso Senhor Jesus Cristo; que assim seja!

São Nicolau, que preservais nossas vidas de toda sorte de perigos, rogai por nós, ajudai-nos e nos honreis protegendo-nos de acusações injustas, se Deus quiser!

Eu Vos rogo:

† Em nome do Pai Criador,
† Em nome do Espírito Santo Consolador,
† Em nome do Cristo Redentor,
† Em nome da Mãe Divina, a Rainha do Céu,
Que assim seja!

ADULTÉRIO

(Para não sucumbir ao)

SANTA FRANCISCA ROMANA nasceu em uma família nobre e de posses e casou-se contra a sua vontade. Foi fiel a seu marido até a morte deste, embora, dotada de grande beleza, tenha sido bastante cortejada por muitos homens. Junto com amigas ricas da corte romana, que mesmo sem vestirem hábito algum, sem emitirem votos ou formarem uma família religiosa, dedicaram-se aos necessitados.

Após a morte do marido, Francisca entregou-se de maneira definitiva à vida religiosa, fundando com algumas dessas companheiras, também viúvas, a Ordem das Irmãs Oblatas de Santa Maria Nova, que teve grande atuação durante a peste de 1414, em Roma.

Oração de abertura + exorcismo +:

Meu Senhor e meu Deus, lançai um olhar compassivo à minha aflição; jurei fidelidade ao meu esposo (*ou à minha esposa*) em Vossa Presença, em Vossa Igreja, e hoje o olhar de outro homem (*ou de outra mulher*) inquieta meu coração. Eu deveria sentir vergonha, mas me inquieto. Permiti que Santa Francisca Romana, por suas orações e pelo exemplo de suas virtudes, me apoie nesse combate contra um mal insidioso e desonroso.

Santa Francisca Romana, tão sábia e tão piedosa, tão fiel mesmo nos compromissos indesejados, volto-me a vós em minha aflição, perdida(o) na tentação, prestes a trair um juramento proferido faz alguns anos pela minha própria vontade e com o coração feliz.

Fazei com que essa tentação se afaste de mim, dai-me forças para resistir, se Deus quiser!

Eu Vos rogo:

† Em nome do Pai Criador,
† Em nome do Espírito Santo Consolador,
† Em nome do Cristo Redentor,
† Em nome da Mãe Divina, a Rainha do Céu,
Que assim seja!

AFETOS DUVIDOSOS

(Para livrar-se de)

Meu Deus, quando cessarei de amar-me assim, quando começarei a odiar-me como me propusestes?

Quando, para agradar-Vos, saberei consentir em ser desprezado(a) ou ao menos não ser mais amado(a) e estimado(a) por Vossas criaturas?

Não é apenas ao Senhor que pertence toda a glória? Não sois infinitamente amável e digno de ser amado?

Por que desejo atrair o olhar, a estima e o afeto dos outros?

O desejo habitual que experimento de amar e ser amado(a) deveria cobrir-me de confusão; pois, afinal, não passo de miséria e fraqueza, e mal deveria suportar a mim mesmo(a); ou melhor, só deveria amar a mim mesmo(a) por pura caridade, como amamos por compaixão um estranho, um desconhecido, pela única razão de ele ser Vossa criatura.

Ó meu Deus, só Vós mereceis todo o meu amor. Meu coração só deveria ocupar-se de Vós, deveríeis possuir todas as suas afeições.

Amar-me e desejar ser amado(a) pelos outros e não em Vós será minha perdição. Senhor, apenas Vosso amor é precioso: quando Vos amamos, o coração torna-se puro e contente; e quando temos a felicidade de ser amados por Vós, usufruímos da paz e da alegria dos filhos de Deus.

O santo que proclamava "Meu Deus é meu tudo!" compreendeu o que vale o amor puro.

Assim como o compreendeu o santo que repetia efusivamente: "Só Deus!"

Qual não foi o meu orgulho até hoje, e minha cegueira foi profunda. Amei a mim mesmo(a), desejei ser amado(a) pelos outros, quase amei a mim mesmo(a) sozinho(a), amei os outros pensando apenas em mim, e desejei que me preferissem às outras ou aos outros.

Minha fútil delicadeza afligia-se em excesso à menor impressão de esquecimento, de indiferença ou de desprezo; e enquanto os outros precisavam de firme caridade para me aturar, só encontrando em mim defeitos, fraqueza e miséria, criatura idólatra de mim mesma, eu exigia atenção e consideração.

Deploro hoje minha loucura, renuncio à vaidade de meus pensamentos e de meus desejos. Se Deus pôs em meu coração a faculdade e a necessidade de amar é para que a Ele me una; e se Ele deu aos outros a capacidade de amar, não é para que o afeto que sentem seja destinado a um objeto tão desprezível quanto eu.

Ó meu Deus, a partir deste momento, renuncio a todo desejo de estima e de afeto. Basta que me suportem e me tolerem por amor a Vós.

Puni-me, ó meu Deus, se ainda desviar os afetos do meu coração para algum objeto criado.

Puni-me, caso eu ainda deseje a estima e o afeto dos outros; quanto mais fui delicado(a) e sensível neste ponto, mas preciso ser privado(a) e corrigido(a).

Doravante, ó meu Deus, escutarei com atenção essas palavras que Vossa Igreja põe na boca do bom pastor: "Elevai vossos corações!" E sempre responderei com sinceridade: "Nós os temos voltados para o Senhor!"

Que assim seja:

† Em nome do Pai Criador,
† Em nome do Espírito Santo Consolador,
† Em nome do Cristo Redentor,
† Em nome da Mãe Divina, a Rainha do Céu,
Que assim seja!

CONCÓRDIA E PAZ

(Para trazer)

Ó Maria, pura Luz do Céu, alegria dos anjos e arcanjos; doce felicidade dos eleitos, Vosso nome é a glória do paraíso e o consolo da Terra; Vos cantaremos louvores por todos os séculos!

Sois minha Mãe, minha doce e terna mãe do Céu. Por que Vossos filhos não ficarão felizes com Vossa felicidade?

Salvação, amor e glória a Maria nas alturas!

Fico feliz com Vossa felicidade, ó bela e pura Maria; com o olhar de amor que a Santíssima Trindade pousou em Vós. Compartilhai essa felicidade, ó Maria, com a família *x*... (*dizer o sobrenome da família*), na qual hoje reina a discórdia e o desamor.

Fico feliz com o brilho imortal de Vossa Conceição Imaculada, cujo esplendor Satanás não suportou e que parece acrescentar-se à pureza dos anjos.

Vossa virgindade é um lírio imaculado que se eleva no Céu e que apagará o brilho do Sol e dos astros; as almas fracas o tocam para renovar-se.

Salvação, honra e glória à Virgem das virgens.

Fico feliz, ó Maria, fico feliz, ó minha Mãe, com todas as Celestes Virtudes que praticastes e que fizeram cintilar em Vós uma parte da santidade e do esplendor do Grande e Eterno Deus.

Ó vida incomparável e divina!

Ó rosa mística de caridade!

Ó glória da casa de Davi!

Ó trono da sabedoria divina!

Vossas ações têm mais mérito que as de todos os homens; cada afeto de Vosso coração, cada pensamento de Vossa alma brilha mais diante de Deus que o coração reunido dos anjos e dos arcanjos.

Salvação, honra e glória à incomparável Maria.

Como sois bela, como sois feliz, ó Maria, ó minha Mãe na Terra e no Céu. A majestade do Deus que criou todo o Universo Vos penetra e envolve. Estais acima dos querubins e dos serafins, junto de Deus.

Salvação, honra e glória nas alturas à Virgem Imaculada.

Ó Maria, ó minha Mãe, alegra-me a Vossa glória nos Céus e na Terra.

Milhões de corações Vos abençoam, amam, e depositam toda a esperança; de norte a sul, do Oriente ao Ocidente, vozes fracas cantam Vossas Bondades divinas; seus devotos concertos são como perfume elevando-se a Vós, ó Mãe amável; e Vosso doce olhar desce dos Céus como um raio de felicidade suprema, como uma centelha sagrada da Luz eterna.

Saudação, honra e glória à nossa terna Mãe!

A Vós os filhos mais puros devem a pureza; por Vossas mãos o Coração de nosso Divino Salvador, perfurado no Calvário, despeja torrentes de graças.

Amor, amor à Virgem que é a porta do Céu.

Os pecadores vêm a Vós confiantes; suas vozes tristes e desencorajadas invocam Vosso nome com felicidade; por isso Vos rogamos que tragais a paz ao seio dessa família dividida.

E Vós, doce esperança das almas que já não esperam, Vós sempre misericordiosa, quando o Deus de Justiça está irritado, intercedeis pelos pecadores infelizes; Deus se acalma, os anjos se reúnem no Céu, e na Terra os corações emocionados e enternecidos repetem:

"Amor e reconhecimento à mais clemente das mães!"

O homem infeliz depõe a Vossos pés suas dores e suas lágrimas; por todo lugar há corações partidos, por toda parte encontram-se mortais aflições; mas Vós, que sois o consolo da Terra, a saúde dos enfermos, o bálsamo incomparável em nossas feridas, Vós escutais os gritos de aflição; curais as feridas; secais os olhos banhados de lágrimas e nos consolais com bondade.

Amor e reconhecimento à compassiva Maria.

Possa eu continuar a Vos cantar louvores, ó Maria, ó minha Mãe! Possa eu passar toda a vida a alegrar-me com Vossa grandeza nos Céus, com as homenagens que Vos chegam da Terra e com Vossas mil Bondades para as crianças, pois as vozes dos filhos de Adão sobem em Vossa direção como um doce perfume. Viva Maria!

E dos Céus cai uma chuva de graças: viva Maria!

E da Terra eleva-se um hino de louvações: viva Maria!

Assim quis nosso Senhor Deus honrar Sua Mãe; e sua Mãe também é minha Mãe. O que faria sem Ela? O que faria por Ela?

Meu Senhor e meu Deus, dai-me um coração digno de amar Maria. Viva Maria!

Ó Maria, minha doce Mãe, tende piedade de nós, pobres pecadores, rogai por nós e traga amor, concórdia e paz a essa família dividida pelo desamor, se Deus quiser!

Nós Vos rogamos:

† Em nome do Pai Criador,
† Em nome do Espírito Santo Consolador,
† Em nome do Cristo Redentor,
† Em nome da Mãe Divina, a Rainha do Céu,
Que assim seja!

CORRUPTORES E MÁS INFLUÊNCIAS

(Para livrar-se de)

Há pessoas que exercem má influência. Convém afastar-se e proteger-se delas a fim de não cair no vício.

Misericórdia e Justiça, Senhor!

Seguirei com inteligência o caminho da inocência; caminharei com pureza em minha casa.

Afastarei de meus olhos toda ação má.

Detesto a conduta dos que fazem o mal.

Manterei o perverso afastado de mim.

Perseguirei o detrator do seu próximo.

Rejeitarei o soberbo de coração insaciável.

Procurarei os fiéis na Terra.

Aquele que caminha em via imaculada estará comigo.

O soberbo não habitará na minha casa.

O que profere palavras iníquas não existirá a meus olhos.

Punirei os pecadores da Terra e dispensarei da cidade do meu Deus os que praticam a iniquidade.

O mau não cessa de repetir que Deus não existe, e os homens, atolados em crimes, são abomináveis; são corrompidos.

A corrupção reina entre os homens e sua conduta tornou-se abominável; não há uma única pessoa que faça o bem; do Alto do Céu o Senhor procura entre os filhos dos homens um só que seja inteligente e que pense em Deus; mas nem um único faz o bem; são todos desgarrados e vaidosos, cheios de iniquidade; perderam o bom senso e devoram-se uns aos outros como quem come um pedaço de pão. Jamais invocam o Senhor!

Começam, no entanto, a tremer de medo, pois nosso Deus acaba de golpear os iníquos e destruir os que ambicionam os favores dos homens; Deus os condenou e os afastou com desprezo.

A salvação virá de nosso Deus; cada um de Seus fiéis e todos os povos se regozijarão uma vez cessadas as aflições dos justos.

Meu Senhor e meu Deus, sabeis que sou fraco diante desses corruptores que não Vos temem e buscam constantemente fazer Vossos fiéis cometer faltas; mas eu luto, Senhor, eu luto! Que os Vossos braços protetores se fechem em torno de mim como um escudo de luz e que a Vossa mão direita varra meus inimigos.

Eu Vos rogo:

† Em nome do Pai Criador,
† Em nome do Espírito Santo Consolador,
† Em nome do Cristo Redentor,

† Em nome da Mãe Divina, a Rainha do Céu,
Que assim seja!

DISCÓRDIAS

(Contra as)

Ó Divino Salvador, eu Vos ofereço, por *x*... e *y*... (*dizer os nomes das pessoas que estão brigadas*) os passos dolorosos com os quais percorrestes do lugar de Vossa flagelação até a presença de Pilatos, no Pretório, onde Vossos inimigos Vos arrastaram com crueldade, para acrescentar à ignomínia do suplício os insultos mais infames.

Ofereço-Vos tudo o que sofrestes de dor e de vergonha quando os carrascos arrancaram com violência a Vossa túnica, que, colada à carne pelo sangue dos ferimentos, abriram incontáveis chagas.

Ofereço-Vos, ó Rei dos séculos, a paciência invencível que manifestastes quando os soldados, em um gesto de zombaria, Vos cobriram com um manto escarlate. Depois, trançaram uma coroa de espinhos, meteram-na em Vossa cabeça e puseram em Vossa mão uma vara. Dobrando os joelhos diante de Vós, diziam com escárnio: "Salve, rei dos judeus!"

Ofereço-Vos o sangue precioso que derramastes nesse novo martírio e a excessiva caridade que Vos levou a preferir, como Rei das Dores, uma coroa de espinhos a qualquer outra, para expiar nossas vaidades criminosas, nos ensinar a elas renunciar e merecer, por curtas e leves privações, uma coroa de imortalidade.

Ofereço-Vos a doçura infinita com a qual sofrestes insultos dos que Vos cobriram de opróbios e que, em meio a mil atrocidades revoltantes, de Vós caçoaram.

Ofereço-Vos, ó Homem das Dores, o estado de humilhação profunda no qual Vos encontrastes quando, diante de todo o povo reunido, vestido com uma capa escarlate, uma coroa de espinhos e todo coberto de chagas, Pilatos Vos exibiu dizendo: "Salve, rei dos judeus!"

Ofereço-Vos todos os sentimentos do Vosso coração aflito quando fostes rejeitado por esse povo que havias amado com ternura e cumulado de caridade, e de cujas bocas ouvistes proferir com a mais negra ingratidão este grito de morte: "Crucifica-o! Crucifica-o!"

Ofereço-Vos a dor com que Vosso Sagrado Coração foi ferido ao ouvir todos esses infelizes, em uma só voz, lançarem as mais horríveis maledicências por essas palavras imprecatórias: "Caia sobre nós o Seu sangue e sobre nossos filhos!"

Ofereço-Vos, ó meu Bom Jesus, a constância invencível com a qual escutastes pronunciar a sentença de morte, e a humilde aceitação em obediência às ordens de Vosso Pai e para a salvação dos homens.

Ofereço-Vos, enfim, o abandono cheio de caridade com o qual Vos entregastes às mãos dos carrascos que, triunfantes ao vê-Lo à sua mercê, arrastaram Vossa adorável pessoa ao suplício e à morte.

Por todos esses sofrimentos, Senhor, concedei a concórdia entre *x*... e *y*... Se Deus quiser!

Eu Vos suplico:

† Em nome do Pai Criador,
† Em nome do Espírito Santo Consolador,
† Em nome do Cristo Redentor,
† Em nome da Mãe Divina, a Rainha do Céu,
Que assim seja!

Ver também: RECONCILIAÇÃO

DIVÓRCIO

Ver: SEPARAÇÃO

ATORDOAMENTO NO VÍCIO

(Contra o)

Santo, Santo, Santo, Senhor, Deus do Universo.
O Céu e a Terra proclamam a Vossa Glória.

Louvado seja, Senhor, por Tua grande Bondade.

O olhar do Senhor voltou-se para o homem reto e justo.

O insensato diz: "Deus não existe!" Criou o insensato ele mesmo o Céu e a Terra?

A corrupção reina entre os homens e sua conduta tornou-se abominável; não há uma só pessoa que faça o bem; do Alto do Céu o Senhor busca entre os filhos dos homens um só que seja inteligente e que pense em Deus; porém nenhum faz o bem; são todos confusos e vaidosos; tomados de inquietação; perderam o bom senso e se devoram uns aos outros como quem come um pedaço de pão. Jamais invocam o Senhor, pois o Senhor permanece com os justos. Tentaram envergonhar os pobres em vão, pois o refúgio do pobre é em Deus.

Quando o Senhor tiver feito cessar a corrupção do Seu povo, os profetas e os povos viverão na alegria.

Pois se em Vós confio, Senhor, por que dizer-me "Foge, velozmente, para a montanha, como um pássaro"?

Eis que os maus entesam seu arco, ajustam a flecha na corda para ferir, de noite, os que têm o coração reto. Quando os próprios fundamentos se abalam, que pode fazer ainda o justo?

Entretanto, o Senhor habita em Seu Templo, o Senhor tem Seu trono no Céu. Sua vista está atenta, Seus olhares observam os filhos dos homens. O Senhor sonda o justo como o ímpio, mas aquele que ama a injustiça, a

Ele aborrece. Sobre os ímpios Ele fará cair uma chuva de fogo e de enxofre; um vento abrasador de procela será o seu quinhão. Porque o Senhor é justo, Ele ama a justiça; e os homens retos contemplarão a Sua face.

Meu Senhor e meu Deus, lance esse mesmo olhar de complacência sobre mim, sobre minhas fraquezas e minha vergonha.

Que assim seja!

Eu Vos suplico:

† Em nome do Pai Criador,
† Em nome do Espírito Santo Consolador,
† Em nome do Cristo Redentor,
† Em nome da Mãe Divina, a Rainha do Céu,
Que assim seja!

FRIGIDEZ

Incapacidade física ou psíquica que pode impedir as mulheres de sentirem prazer sexual.

SÃO QUINTIANO foi bispo. Convertia os pagãos não só pelo fervor de suas palavras, mas também por sua tolerância. A um cristão que se queixava do prazer que a mulher experimentava na cama, ele respondeu que isso era um dom de Deus concedido tanto às mulheres quanto aos homens e que os homens deveriam agradecer ao Criador por ter-lhes poupado das dores do parto.

Oração de abertura + exorcismo +:

Senhor, fazei com que a intercessão de São Quintiano venha em nosso auxílio, a fim de que obtenhamos a cura perfeita graças à Vossa Misericórdia.

Que nossos sofrimentos e todas as provações da nossa vida sejam santificadas pelos méritos de Jesus Cristo.

Que sejamos continuamente assistidos pelas preces dos Vossos santos, durante nossa vida e na hora da nossa morte.

Nós Vós rogamos por Nosso Senhor Jesus Cristo; que assim seja.

São Quintiano, que dissestes que jamais Vos implorávamos em vão, orai por mim, ajudai-me, concedei-me a graça de conhecer os prazeres que Deus concedeu às mulheres, se Deus quiser!

Nós Vos rogamos:

† Em nome do Pai Criador,

† Em nome do Espírito Santo Consolador,

† Em nome do Cristo Redentor,
† Em nome da Mãe Divina, a Rainha do Céu,
Que assim seja!

IMPOTÊNCIA

Incapacidade masculina de conseguir a ereção, o que pode representar um problema doloroso para o casal tanto quanto a frigidez da mulher.

SÃO LUCAS é um dos quatro Evangelistas "reconhecidos" pela Igreja de Roma. Embora não tenha conhecido Jesus, foi amigo de Pedro e de Paulo e teria convivido com a Virgem Maria. Ela lhe fez confidências, o que explica o fato de ele fornecer muitos detalhes sobre a infância de Jesus. Era médico e considerava que todos os males dos homens deveriam ser tratados, inclusive a impotência, que outros julgavam não ter qualquer interesse para a vida espiritual.

Oração de abertura + exorcismo +:

Senhor Jesus, dai-nos a graça, a exemplo de São Lucas, de amar-Vos com toda a nossa alma, o nosso espírito e todas as nossas forças.

Concedei-nos também a graça de Vos servir todos os dias da nossa vida, a fim de merecer que todos os pedidos que Vos dirigimos, por intermédio de São Lucas, Vosso Evangelista, sejam atendidos; e pela eficácia de suas preces obtenhamos saúde perfeita tanto da alma quanto do corpo.

Por Nosso Senhor Jesus Cristo, que assim seja!

Senhor, nos destes um corpo de carne com o qual devemos perpetuar a espécie humana e colocar no mundo as futuras gerações. Eis a minha aflição: meu corpo, por uma fraqueza inexplicável, não pode me dar descendência. Como a esposa que escolhestes para mim poderá engravidar de mim?

São Lucas, Evangelista de Jesus, que concede a saúde do corpo e da alma a todos que vos invocam, orai por nós, ajudai-nos, dai a *x*... (*dizer o nome do homem ou o seu próprio*) sua potência de Homem, se Deus quiser!

Nós Vos rogamos:

† Em nome do Pai Criador,
† Em nome do Espírito Santo Consolador,
† Em nome do Cristo Redentor,
† Em nome da Mãe Divina, a Rainha do Céu,
Que assim seja!

INFIDELIDADE

(Contra a)

Senhor, vinde em meu auxílio.
Meu Deus, socorrei-me sem demora.
Cristo, Filho do Deus vivo, tende piedade de nós.
Cristo, Filho do Deus vivo, tende piedade de nós.
Cristo, Filho do Deus vivo, dai-nos a paz.

Senhor, Deus da minha salvação, escutai minha prece e que meu clamor chegue a Vós.

Senhor, meu Deus, de dia clamo a Vós, e de noite Vos dirijo o meu lamento. Chegue até Vós a minha prece, inclinai Vossos ouvidos à minha súplica.

Minha alma está saturada de males, e próxima da região dos mortos a minha vida. Já sou contado entre os que descem à tumba, tal qual um homem inválido e sem forças. Meu leito se encontra entre os cadáveres, como o dos mortos que jazem no sepulcro, dos quais Vós já não Vos lembrais, e não Vos causam mais cuidados.

Eu estou em profunda fossa, nas trevas de um abismo.

Sobre mim pesa a Vossa indignação, Vós me oprimis com o peso das Vossas ondas.

Afastastes de mim os meus amigos, objeto de horror me tornastes para eles; estou aprisionado sem poder sair, meus olhos se consomem de aflição.

Todos os dias eu clamo para Vós, Senhor; estendo para Vós as minhas mãos. Será que fareis milagres pelos mortos? Ressurgirão eles para Vos louvar? Acaso Vossa Bondade é exaltada no sepulcro, ou Vossa fidelidade na região dos mortos?

Serão nas trevas manifestadas as Vossas maravilhas, e Vossa Bondade na Terra do esquecimento? Eu porém, Senhor, Vos rogo, desde a aurora a Vós se eleva a minha prece. Por que, Senhor, repelis a minha alma? Por que me ocultais a Vossa face? Sou miserável e desde jovem agonizo; o peso de Vossos castigos me abateu.

Sobre mim tombaram Vossas iras, Vossos temores me aniquilaram. Circundam-me como vagas que se renovam sempre, e todas, juntas, me assaltam. Afastastes de mim amigo e companheira(o); só as trevas me fazem companhia...

Piedade, Senhor, piedade.

Ó Deus Todo-Poderoso, cujo dom perfeito ilumina os homens vindos a este mundo, preservai minha união com *x... (dizer o nome da pessoa)*, afastai de nós as tentações do diabo e de seu bando de malfeitores e, se for de Vossa Vontade, sondai nossos corações, escrutai-nos os rins e salvai-nos do desastre, em nome de Nosso Senhor Jesus Cristo; que assim seja!

Eu Vos rogo:

† Em nome do Pai Criador,
† Em nome do Espírito Santo Consolador,
† Em nome do Cristo Redentor,
† Em nome da Mãe Divina, a Rainha do Céu,
Que assim seja!

CIÚME

(Para lutar contra o)

Não importa quem é o ciumento; o ciúme envenena a vida de todos.

Senhor, vinde em nosso auxílio.
Meu Deus, socorrei-me sem demora.
Senhor, tende piedade de nós.
Cristo, tende piedade de nós.
Senhor, tende piedade de nós.

Convertei-nos, ó nosso Deus que é nossa salvação e afastai de nós Vossa cólera.

Tu só cometes iniquidades, te comprazes no Mal; todos os dias tua língua comete injustiças, és ardiloso e mentiroso. Amas o Mal e a mentira, enquanto o Bem e a Verdade te causam horror.

Continuamente maquinas a perdição; tua língua é afiada navalha, tecedora de enganos.

Tu preferes o Mal ao Bem, a mentira à lealdade. Só gostas de palavras perniciosas, ó língua pérfida! Por isso Deus te destruirá, há de te excluir para sempre; ele te expulsará de tua tenda, e te extirpará da Terra dos vivos.

Vendo isto, tomados de medo, os justos zombarão de ti, dizendo: "olhem-no agora, ele se achava forte por causa de sua ardileza e do seu dinheiro. Mas não acreditava em Deus, nem em Vosso poder de socorrer o inocente".

Eu sou, porém, como a virente oliveira na casa de Deus: confio na misericórdia de Deus para sempre.

Confio em Vosso nome, confio em Vossa Vigilância. Confio em Vossa retidão para abater meus inimigos, se são também os Vossos; e louvar-Vos-ei eternamente pelo que fizestes e cantarei Vosso nome.

† Glória ao Pai Criador,
† Glória ao Cristo Redentor,
† Glória ao Espírito Santo Consolador,
† Glória à Mãe Divina, a Rainha do Céu.

Assim como era no princípio, agora e sempre, e por todos os séculos dos séculos, que assim seja!

CASAMENTO FORÇADO

(Para escapar do)

É evidente que isso existe (ainda!) em todas as culturas e em todos os povos. Ao contrário do que se pode imaginar, os rapazes podem ser solicitados a se casarem com alguém de outra família, e uma recusa pode engendrar muitos dramas (entre os nômades, por exemplo, a recusa só pode ser lavada com sangue).

Para as jovens:

A história de SANTA FILOMENA só se tornou conhecida no século XIX. Sua estátua a representa como uma religiosa. Ela teria nascido no século III de pais que, por não poderem ter filhos, se converteram ao cristianismo. A filha que lhes foi concedida recebeu o nome de Filomena, ou seja, "filha da Luz". Aos 13 anos foi pedida em casamento pelo imperador romano Diocleciano. Diante da recusa, ele ordenou que fosse presa e submetida a múltiplas formas de torturas físicas. Por fim, ordenou sua decapitação. O sacerdote de Ars erigiu uma capela em homenagem a Santa Filomena, que continua a realizar inúmeros milagres para as jovens que oram em seu nome pedindo que as livrem de um casamento não desejado.

Oração de abertura + exorcismo +:

Senhor, eu Vos suplico pela intercessão da Bem-Aventurada Santa Filomena: concedei-me a ajuda que Vos peço.

Recorro ao Senhor e Vos peço humildemente que não rejeiteis minha prece.

Senhor, dignai-Vos ver minha aflição, lembrai-vos de mim e não me esqueceis.

Por Nosso Senhor Jesus Cristo, que assim seja!

Santa Filomena, tão eficaz em socorrer os que Vos imploram, rogai por nós, socorrei-nos e livrai-nos de todo casamento forçado, se Deus quiser!

Nós Vos rogamos:

† Em nome do Pai Criador,
† Em nome do Espírito Santo Consolador,
† Em nome do Cristo Redentor,
† Em nome da Mãe Divina, a Rainha do Céu,
Que assim seja!

Outra:

SANTA PETRONILHA era filha espiritual do apóstolo Simão Pedro, que não era tido como afetuoso. Quando Santa Petronilha ficou paralítica, o "pai" recusou-se a curá-la, sob o pretexto de que se tratava de uma punição divina e de que ela devia purificar-se. Uma vez curada, foi logo pedida em casamento por um nobre rico. Tendo obtido três dias para pensar, pediu a Jesus que a chamasse para junto Dele a fim de ser poupada do que julgava contrariar seu compromisso cristão. Morreu tranquilamente no terceiro dia.

Oração de abertura + exorcismo +:

Meu Deus, que nos concedestes as santas e os santos para levar nossas súplicas a Vossos divinos pés, fazei com que pela intercessão da Bem-Aventurada Santa Petronilha estejamos protegidas dos perigos que nos espreitam, assim como Vós a socorrestes.

Por Nosso Senhor Jesus Cristo rogamos; que assim seja!

Santa Petronilha, que pedistes e obtivestes de Deus a graça de escapar de um casamento indesejado, rogai por nós, socorrei-nos e protegei-nos deste mesmo perigo, se Deus quiser!

Nós Vos rogamos:

† Em nome do Pai Criador,
† Em nome do Espírito Santo Consolador,
† Em nome do Cristo Redentor,
† Em nome da Mãe Divina, a Rainha do Céu,

Que assim seja!

Para os rapazes:

SANTO ALEIXO viveu no século IV. Filho de romanos ricos, escolheu ser cristão e fez voto de castidade. Para escapar de um casamento arranjado pelos pais com a filha de outros nobres abastados, fugiu para a Síria, onde virou mendigo. Voltou depois a Roma, onde durante 17 anos viveu em farrapos no alpendre da casa dos pais, sem que ninguém o reconhecesse. Ao morrer, deixou um texto dizendo quem era e o motivo de ter optado por ser mendigo de Cristo. Por isso, ele protege os jovens cujos pais desejam forçá-los a se casarem contra a própria vontade.

Oração de abertura + exorcismo +:

Meu Senhor e meu Deus, lançai um olhar de compaixão à Vossa criatura que se debate em um dilema doloroso. Essa união que meus pais desejam não me convém, nem ao meu coração nem tampouco à minha alma. Essa jovem que querem me impor não é o motivo da recusa. Diante de Vós sou um livro aberto. Este não é o meu caminho. A Vós recorro; confirmai-me nesse caminho e protegei-me da incompreensão dos que me cercam, aos quais não desejo ferir nem decepcionar.

Também recorro a vós, Santo Aleixo, que vivestes essa terrível situação. Vós que conheceis o preço de tal decisão e que pagastes um preço alto. Recorro a vosso socorro. Rogai por mim, dai-me a inspiração e a força para realizar minha missão nesta Terra, se Deus quiser!

Eu Vos rogo:

† Em nome do Pai Criador,
† Em nome do Espírito Santo Consolador,
† Em nome do Cristo Redentor,
† Em nome da Mãe Divina, a Rainha do Céu,
Que assim seja!

MAUS-TRATOS

(Contra os)

Tanto as agressões físicas quanto as morais são inaceitáveis.

Oração de abertura + exorcismo +:

Livrai-me, ó meu Deus, dos meus inimigos, defendei-me dos meus adversários. Livrai-me dos que praticam o Mal, salvai-me dos homens sanguinários.

Vede: armam ciladas para me tirar a vida, homens poderosos conspiram contra mim.

Senhor, não há em mim crime nem pecado. Sem que eu tenha culpa, eles acorrem e atacam.

Despertai, vinde para mim e vede. Erguei-Vos para castigar esses pagãos, não tenhais misericórdia desses pérfidos.

Eles voltam todas as noites, latindo como cães, e percorrem a cidade toda. Eis que se jactam à boca cheia, tendo nos lábios só injúrias, e dizem: pois quem é que nos ouve?

Mas Vós, Senhor, Vos rides deles, zombais de todos os pagãos. Ó Vós que sois a minha força, é para Vós que eu me volto. Porque Vós, ó Deus, sois a minha defesa. Ó meu Deus, Vós sois todo Bondade para mim. Venha Deus em meu auxílio, faça-me deleitar pela perda de meus inimigos. Destruí-os, ó meu Deus, para que não percam o meu povo; conturbai-os, abatei-os com Vosso poder, ó Deus, nosso escudo.

Cada palavra de seus lábios é um pecado. Que eles, surpreendidos em sua arrogância, sejam as vítimas de suas próprias calúnias e maldições. Destruí-os em Vossa cólera, destruí-os para que não subsistam, para que se saiba que Deus reina em Jacó e até os confins da Terra.

Todas as noites eles voltam, latindo como cães, rondando pela cidade toda. Vagueiam em busca de alimento; não se fartando, eles se põem a uivar.

Eu, porém, cantarei Vosso poder, e desde o amanhecer celebrarei Vossa Bondade. Porque Vós sois o meu amparo, um refúgio no dia da tribulação.

Ó Vós, que sois a minha força, a Vós, meu Deus, cantarei salmos porque sois minha defesa. Ó meu Deus, Vós sois todo Bondade para mim.

Deus Salvador, Vosso corpo foi sepultado; era a última das misérias humanas a que devias ser submetido neste mundo. Era preciso que humilhações e sofrimentos Vos acompanhassem até o sepulcro. Que estado, que aniquilação para um deus: estar no mundo como se não estivesse, escondido no fundo da terra, cercado das sombras da morte, precipitado à morada dos mortos, ao mais profundo abismo. A própria sepultura onde repousaste não Vos pertencia. Como Ele próprio disse: "As raposas têm suas tocas e as aves do céu, seus ninhos, mas o Filho do Homem não tem onde repousar a cabeça!" Mas nesse estado de aniquilação, Vós conservastes todas as virtudes.

Meu Divino Salvador, em Vosso túmulo beberei o mel do Vosso adorável coração, o afastamento do mundo, o esquecimento do mundo, a morte do mundo e a minha, a visão do vazio das coisas humanas, o amor pelo recolhimento e pela solidão interior, a íntima união com Deus. Vós substituireis tudo, ó Jesus, quando por Vós, de coração e de espírito, tudo eu tiver abandonado.

Tais são, ó meu Deus, os sentimentos do meu coração: eu os renovo nesse sacrifício e os ofereço em união com os Vossos; dignai-Vos gravá-los e conservá-los em minha alma enquanto eu viver e fazei com que me acompanhem até o túmulo.

Ó coração adorável do meu Salvador, Vós que esgotastes até os resíduos o cálice das humilhações e dos sofrimentos; mas após tantas provações e combates, um lugar glorioso Vos foi reservado no Céu; vencedor de Vossos inimigos, triunfante sobre o mundo, a morte e todos os potentados do inferno, entrastes no seio da Glória que merecestes por Vossos sofrimentos. Elevastes-Vos na Glória e estás sentado à direita do Pai Celeste; Vosso coração nada em torrentes de delícias e usufrui da felicidade do próprio Deus.

Coração do meu Deus, tomo parte em Vossa Glória e Vosso Triunfo: tomarei parte um dia da Vossa felicidade? Apenas por Vós e por Vossos méritos posso esperar obtê-la. Eu Vos suplico pela virtude do sacrifício por excelência que Vos oferecestes! Fostes imolado por mim em nossos altares, recebei-me um dia em Vossos tabernáculos sagrados, a fim de que eu Vos louve para sempre com Vossos eleitos.

Como garantia por essa felicidade, dignai-Vos ratificar no Céu a bênção que nos concede o Bom Pastor na Terra em nome do Pai, em nome do Filho, em nome do Espírito Santo; que assim seja!

Senhor, meu Deus, por Vossa dolorosa paixão e morte ignominiosa na Cruz, protegei-me (*ou protegei x...*), poupai-me (*ou a x*) dos maus-tratos que sofro(e).

Tende piedade de nós, eu Vos suplico; atendei-nos, Senhor; protegei-nos, tanto nas palavras quanto nas ações, da brutalidade dos homens, se Deus quiser!

Nós Vos rogamos:

† Em nome do Pai Criador,
† Em nome do Espírito Santo Consolador,
† Em nome do Cristo Redentor,
† Em nome da Mãe Divina, a Rainha do Céu,
Que assim seja!

MENTIRAS

SÃO PANCRÁCIO era um jovem romano que muito cedo converteu-se ao cristianismo. Quando se opôs ao imperador Diocleciano, este o mandou decapitar. Ele é o guardião dos juramentos, pois quem proferisse uma mentira dentro de uma igreja cairia morto.

Oração de abertura + exorcismo +:

Considerai, Senhor, que estou abandonado(a) e sem apoio e que meu coração está entregue à tristeza e à perturbação.

Vinde em meu socorro, e que São Pancrácio, Vosso glorioso mártir, interceda por nós, a fim de que pela eficácia de suas orações obtenhamos todos os consolos que esperamos de Vossa divina justiça.

Nós Vos rogamos por Nosso Senhor Jesus Cristo. Que assim seja!

São Pancrácio, que invocamos tão eficazmente contra os falsos testemunhos e as mentiras, fazei que aqueles cujas línguas são afiadas navalhas, tecedoras de enganos, sejam desmascarados. Rogai por nós, socorrei-nos e livrai-nos da mentira, se Deus quiser!

Nós Vos rogamos:

† Em nome do Pai Criador,
† Em nome do Espírito Santo Consolador,
† Em nome do Cristo Redentor,
† Em nome da Mãe Divina, a Rainha do Céu,
Que assim seja!

PERSEGUIÇÕES

(Para proteger-se ou livrar-se de)

É em Deus, cuja promessa eu proclamo; sim, é em Deus que eu deposito minha esperança.

Fazei-me justiça, Senhor, pois tenho andado retamente e, confiando em Vós, não vacilei.

Sondai-me, Senhor, e provai-me; escrutai meus rins e meu coração. Tenho sempre diante dos olhos Vossa Bondade, e caminho na Vossa Verdade. Entre os homens iníquos não me assento, nem me associo aos trapaceiros.

Detesto a companhia dos malfeitores, com os ímpios não me junto.

Na inocência lavo as minhas mãos, e conservo-me junto de Vosso altar, Senhor, para publicamente anunciar Vossos louvores e proclamar todas as Vossas maravilhas.

Senhor, amo a habitação de Vossa casa, e o tabernáculo onde reside a Vossa glória.

Não leveis a minha alma com a dos pecadores, nem me tireis a vida com a dos sanguinários, cujas mãos são criminosas, e cuja destra está cheia de subornos.

Eu, porém, procedo com retidão. Livrai-me e sede-me propício.

Meu pé está firme no caminho reto; nas assembleias bendirei o Senhor.

Senhor, ouvi a minha oração; pela Vossa fidelidade, escutai a minha súplica, atendei-me em nome de Vossa justiça.

Não entreis em juízo com Vosso servo (*ou Vossa serva*), porque ninguém que viva é justo diante de Vós.

O inimigo trama contra a minha vida, ele me prostrou por terra; relegou-me para as trevas com os mortos. Desfalece-me o espírito dentro de mim, gela-me no peito o coração. Lembro-me dos dias de outrora, penso em tudo aquilo que fizestes, reflito nas obras de Vossas mãos. Estendo para Vós os braços; minha alma, como terra árida, tem sede de Vós.

Apressai-Vos em me atender, Senhor, pois estou a ponto de desfalecer. Não me oculteis a Vossa face, para que não me torne como os que descem à sepultura.

Fazei-me sentir logo a Vossa Bondade, porque ponho em Vós a minha confiança.

Mostrai-me o caminho que devo seguir, porque é para Vós que se eleva a minha alma.

Livrai-me, Senhor, de meus inimigos, porque é em Vós que ponho a minha esperança.

Ensinai-me a fazer Vossa vontade, pois sois o meu Deus. Que Vosso espírito de Bondade me conduza pelo caminho reto.

Livrai-me de meus inimigos, Senhor, pois me cercam por todos os lados e não sei para onde fugir.

Senhor, agirei segundo Vossa Vontade, pois és meu Deus, e que Vosso espírito de compaixão me conduza à Terra da retidão. Em Vosso nome, Senhor, conservai-me a vida, em nome de Vossa clemência, livrai minha alma de suas angústias.

Em Vossa misericórdia, destruí meus inimigos; cobri seus rostos de vergonha aos olhos de todos e fazei perecer os que me perseguem, pois sou e permaneço Vosso servidor (*ou Vossa servidora*).

Senhor, quem se assemelha a Vós em vossa glória? Mostrai-Vos, Senhor, pois Vossos inimigos revoltam-se insidiosamente contra Vós; perfidamente insurgem-se Vossos inimigos. Vinde dispersá-los entre os povos e que nunca mais eles pronunciem Vosso nome.

Vossos adversários uniram-se contra Vós e também contra mim, que defendo Vosso nome e Vossa glória. Não me abandoneis nas mãos cruéis de meus inimigos e se eles também forem Vossos, exterminai-os com a mão direita sem piedade, pois eles não a possuem.

Meu Senhor e meu Deus, que Vosso braço me sirva de escudo; protegei-me do inferno dos homens pelos méritos do sacrifício de Nosso Senhor Jesus Cristo; que assim seja!

Nós Vos rogamos:

† Em nome do Pai Criador,
† Em nome do Espírito Santo Consolador,
† Em nome do Cristo Redentor,
† Em nome da Mãe Divina, a Rainha do Céu,
Que assim seja!

RECONCILIAÇÃO

SÃO FREDERICO foi durante toda a vida um bom sacerdote, sempre disposto a ouvir suas ovelhas. Ele possuía o dom especial de fazer com que os casais prestes ao rompimento conversassem e se reconciliassem!

Oração de abertura + exorcismo +:

Nós Vos rogamos, Senhor, pela intercessão de São Frederico, que nos conceda a cura que depositamos a Vossos pés através de Vosso intermediário.

Que possamos, ó meu Deus, ouvir celebrarem Vossas Misericórdias e Vossas Bondades e nos unirmos às louvações que Vos são dirigidas por Vossos fiéis servidores.

Nós Vós rogamos por Nosso Senhor Jesus Cristo; que assim seja!

São Frederico, invocado com tanto sucesso para a reconciliação dos que se afastaram, rogai por nós, socorrei-nos e reconciliai *x*... e *y*..., se Deus quiser!

Nós Vos rogamos:

† Em nome do Pai Criador,
† Em nome do Espírito Santo Consolador,
† Em nome do Cristo Redentor,
† Em nome da Mãe Divina, a Rainha do Céu,
Que assim seja!

Se é preciso reconciliar-se com várias pessoas, deve-se fazer uma oração para cada uma.

Outra:

Oração de abertura + exorcismo +:

Oração aos QUATRO EVANGELISTAS:

São João, São Lucas, São Marcos, São Mateus, Vós que escrevestes os Evangelhos, que fostes enviados por Deus para trazer a Luz para as almas, trazei a Luz e o esclarecimento para o coração de *x*... (*dizer o nome da pessoa*), a fim de que ele (*ou ela*) possa ver minha inocência no ato que me reprova e que não cometi; e que ele (*ou ela*) possa me testemunhar seu reconhecimento e não acreditar em nada que digam de mim, se Deus quiser!

Eu Vos rogo:

† Em nome do Pai Criador,
† Em nome do Espírito Santo Consolador,
† Em nome do Cristo Redentor,
† Em nome da Mãe Divina, a Rainha do Céu,
Que assim seja!

SEPARAÇÃO

(Para evitar ou superar)

É altamente desaconselhável fazer orações para prender ou trazer de volta o ser amado. Isso é magia negra. Homens e mulheres não são "objetos" que podem ser roubados. Por vezes, é preciso refletir sobre seu comportamento, retomar o diálogo ou... encontrar outra maneira de sobreviver.

Invocamos SÃO GANGULFO para resolver os conflitos de casais. Nascido no século VIII em uma família nobre da Borgonha, combateu gloriosamente ao lado de Pepino, o Breve, e administrou com sabedoria os bens da família. Entretanto, casou-se com uma mulher vaidosa e adúltera. Ela pagou para que eliminassem seu marido. Viúva, tentou continuar com sua vida de devassidão, mas caiu enferma. O assassino a estripou até a morte.

Senhor, eu Vos rogo, eu gemo, tende piedade de minha aflição.

Não cessarei de clamar até voltares para mim um olhar de clemência.

Tende piedade de minha fraqueza, e vede como entrego-Vos minha sina miserável e minha vida.

Senhor, por intercessão de São Gangulfo, concedei-me o favor que Vos peço: esclarecei-me sobre esse amor que me atormenta, liberai aquele (*ou aquela*) que amo de seus demônios e afastai dele (*ou dela*) essas funestas sensações. Caso isso seja inevitável, dai-me forças para aceitar a separação, superar minha cólera e o meu orgulho ferido.

São Gangulfo, vós que tanto sofrestes com a traição da mulher a quem tínheis dado o coração e o nome, vós compreendeis meu sofrimento e minha aflição. Concedei-me forças para compreender, honestidade para consultar minha alma a respeito de meus próprios deslizes, coragem para assumir minhas falhas e a compreensão dos sentimentos do outro (*ou da outra*), se Deus quiser!

Eu Vos rogo:

† Em nome do Pai Criador,
† Em nome do Espírito Santo Consolador,
† Em nome do Cristo Redentor,
† Em nome da Mãe Divina, a Rainha do Céu,
Que assim seja!

ESTERILIDADE

SANTO ANTÔNIO DE PÁDUA é conhecido, sobretudo, por encontrar objetos perdidos, mas também é invocado com extrema eficácia por quem deseja ter filhos. Ele protege tanto a mãe quanto a criança durante a gravidez e o parto.

Oração de abertura + exorcismo +:

Grande Santo Antônio de Pádua,
Que viestes entre nós,
Concedei-me essa graça;
Fazei com que eu possa engravidar.
Santo Antônio de Pádua,
Vós que tudo podeis,
Oferecei-me esse presente,
Dai-me um filho, se Deus quiser!

Eu Vos rogo ardentemente:

† Em nome do Pai Criador,
† Em nome do Espírito Santo Consolador,
† Em nome do Cristo Redentor,
† Em nome da Mãe Divina, a Rainha do Céu,
Que assim seja!

(*Fazer a oração três vezes ao dia, durante nove dias.*)

ESTERILIDADE FEMININA E/OU MASCULINA

SANTO ANDRÉ, assim como o irmão Simão Pedro, foi pescador. Era discípulo de São João Batista quando este batizou Jesus no rio Jordão e decidiu segui-lo. Tornou-se chefe da Igreja do Oriente, enquanto Pedro tornou-se chefe da Igreja Romana. Santo André morreu em uma cruz em formato de X, hoje conhecida pelo seu nome. Também é invocado quando se deseja filhos. Ele intervém contra a esterilidade masculina e feminina.

Oração de abertura + exorcismo +:

Senhor Deus, Justo e Misericordioso, que pelo ministério do Bem-Aventurado Santo André, apóstolo e mártir, fizestes germinar a semente da Vossa Palavra, aceitai a minha prece e fazei com que sintamos os doces efeitos da intercessão do Vosso apóstolo junto da Divina Majestade. Nós Vos rogamos por Nosso Senhor Jesus Cristo, que assim seja!

Santo André, particularmente evocado por todos, homens e mulheres, que desejam conceber um filho, ajudai-nos e curai-nos da esterilidade, se Deus quiser!

Nós Vos rogamos:

† Em nome do Pai Criador,
† Em nome do Espírito Santo Consolador,
† Em nome do Cristo Redentor,
† Em nome da Mãe Divina, a Rainha do Céu,
Que assim seja!

TENTAÇÕES

(Para lutar contra as)

Estamos todos à mercê das tentações. Este é um pouco o objetivo de nossa vida nesta Terra. Logicamente, é SANTA MARIA MADALENA quem dá o bom exemplo e nos ajuda nesse combate.

Santa Maria Madalena, que ao banhar os pés de Jesus com perfumes, banhou Seu Divino Coração com os perfumes sagrados de uma viva contrição e de um ardente amor, a vós me uno.

Santa Maria Madalena, que encontrastes nas lágrimas e na humildade aos pés de Jesus mais felicidade do que antes, nos prazeres da carne e nos vãos elogios dos homens, a vós me uno.

Santa Maria Madalena, que ao levar a Deus os vivos ardores de um coração tão amante purificastes vossas máculas e quase vos igualastes aos serafins, a vós me uno.

Santa Maria Madalena, que após ter percorrido a via da iniquidade, santificastes todos vossos passos ao seguir Jesus, a vós me uno.

Santa Maria Madalena, que trocastes as vestes suntuosas pelas da pobreza e da penitência, e que assim ganhastes o coração do Rei dos reis, a vós me uno.

Santa Maria Madalena, que depois da conversão nunca mais experimentou outra alegria senão a de manter-se aos pés de Jesus para escutar Sua Divina Palavra, a vós me uno.

Santa Maria Madalena, que permanecestes com constância aos pés da Cruz, onde o sangue de Jesus concluiu a purificação e a santificação de vosso coração e de vossa alma, a vós me uno.

Santa Maria Madalena, que o amor pelo Crucificado reteve diante de Seu Túmulo e que, pelo ardor de vossas buscas, merecestes ser a primeira a ver o nosso Salvador e a anunciar o milagre da gloriosa Ressureição; Santa Maria Madalena, cujo coração seguiu Jesus ao Céu e cuja vida doravante angélica só conheceu as lágrimas da penitência e os transportes do Divino Amor, a vós me uno.

Santa Maria Madalena, que entregastes ao Senhor vossa alma pura e santa que os anjos transportaram aos Céus como eterno testemunho da Bondade do Coração de Jesus para os que O procuram sinceramente, rogai por mim, ajudai-me e amparai-me neste combate contra as tentações do coração e da carne, se Deus quiser!

Eu Vos rogo:

† Em nome do Pai Criador,
† Em nome do Espírito Santo Consolador,
† Em nome do Cristo Redentor,
† Em nome da Mãe Divina, a Rainha do Céu,
Que assim seja!

TIRANIA

Senhor Deus Todo-Poderoso, tende piedade de nós.

Senhor Deus Todo-Poderoso, protegei-nos.

Senhor Deus Todo-Poderoso, livrai-nos do mal.

Senhor Deus Todo-Poderoso, escutai as nossas preces.

Nosso auxílio está no nome do Senhor, que fez o Céu e a Terra. Senhor, escutai as nossas preces e que nossos gritos O alcancem.

Conduzi-me, Senhor, pelo caminho de Vossos Mandamentos, e que Vossa mão me guarde em Vossa justiça.

Ouvi, Senhor, minha lastimosa voz. Do terror do inimigo protegei a minha vida, preservai-me da conspiração dos maus, livrai-me da multidão dos malfeitores. Eles aguçam suas línguas como espadas, desferem como flechas palavras envenenadas, para atirarem, do esconderijo, sobre o inocente, a fim de feri-lo de improviso, não temendo nada. Obstinam-se em seus maus desígnios.

Concertam, às ocultas, como armar seus laços, dizendo: quem é que nos verá? Planejam crimes e ocultam os seus planos, lustram as armas.

O coração do Homem é um abismo, mas nosso Deus mostrará Sua Glória: as flechas dos maus se voltarão contra eles.

Meneiam a cabeça os que os veem. Tomados de temor, proclamam ser obra de Deus, e reconhecem o que Ele fez.

Alegra-se o justo no Senhor e Nele confia. E triunfam todos os retos de coração.

Senhor Deus Todo-Poderoso, tende piedade de nós.

Senhor Deus Todo-Poderoso, protegei-nos.

Senhor Deus Todo-Poderoso, livrai-nos do mal.

Senhor Deus Todo-Poderoso, escutai as nossas preces.

Nosso auxílio está no nome do Senhor, que fez o Céu e a Terra. Senhor, escutai as nossas preces e que nossos gritos O alcancem.

Senhor, livrai-nos da tirania que nos oprime.

Nós Vos rogamos:

† Em nome do Pai Criador,
† Em nome do Espírito Santo Consolador,
† Em nome do Cristo Redentor,
† Em nome da Mãe Divina, a Rainha do Céu,
Que assim seja!

Direção editorial
Daniele Cajueiro

Coordenação geral
Maristela Ciarrocchi

Editor responsável
Hugo Langone

Produção editorial
Adriana Torres
Mônica Surrage

Copidesque
Laís Alcantara

Revisão
Luiz Werneck Maia

Diagramação e projeto gráfico
Filigrana

Capa
Maquinaria Studio

Este livro foi impresso em 2016, para a Petra.
O papel do miolo é avena 80 g/m^2,
e o da capa é cartão 250g/m^2.